DE L'ÉTAT ACTUEL

DE LA

MONARCHIE PORTUGAISE

ET DES

CINQ CAUSES DE SA DÉCADENCE.

IMPRIMERIE D'HIPPOLYTE TILLIARD,
RUE DE LA HARPE, n° 78.

JOSÉ ANASTACIO FALCAÕ, Portugais.
en 1821,
Il proclama le premier la constitution
dans le Royaume d'Angola.

ESSAI SUR

DE

LA MONARCHIE

PORTUGAISE,

DES CINQ CAUSES DE SA DÉCADENCE.

Par José Agostinho FALCÃO,
AVOCAT PORTUGAIS.

Paris,

LIBRAIRIE MARY, LIBRAIRE,
PASSAGE DES PANORAMAS, N° 60.

1829.

Il proclama le premier la constitution dans le Royaume d'Angola.

DE L'ÉTAT ACTUEL

DE

LA MONARCHIE

PORTUGAISE,

ET

DES CINQ CAUSES DE SA DÉCADENCE.

Par Jozé Anastacio FALCAO,
AVOCAT PORTUGAIS.

AVEC LE PORTRAIT DE L'AUTEUR.

> Guerre éternelle aux tyrans et aux ennemis
> de notre patrie.
> DE L'AUTEUR.

Paris,

CHARLES MARY, LIBRAIRE,
PASSAGE DES PANORAMAS, N° 60.

1829.

AVANT-PROPOS.

Il faut rétrograder de deux siècles et demi pour énumérer toutes les causes qui ont amené la décadence de la monarchie portugaise; c'est ce que j'ai fait dans cet ouvrage; je prends la série de nos malheurs à partir de l'usurpation de Philippe II en 1580, et j'arrive ainsi

jusqu'aux temps de ce protectorat de l'Angle=
terre qui nous a été si funeste. Peut-être dès
à présent aurais-je pu indiquer quel sera le
dénouement aux calamités que je déplore ; il
y a des données d'après lesquelles il n'est pas
impossible de prévoir comment se résoudra
la catastrophe ; mais mon intention n'est point
d'anticiper sur les événements ; la situation
actuelle est assez affreuse, pour que je recule
devant le présage d'un plus noir avenir. Pour
le moment, tout ce que je me propose, c'est
d'éclairer le monde et de signaler à la religion
des hauts politiques de l'Europe, le but des at=
tentats dont la nation portugaise est victime. Il
est bon que les trames des cabinets de Londres
et de Madrid soient dévoilées ; les intrigues et les
perfidies anglaises sont manifestes ; quant à
celles du gouvernement espagnol, sa conduite
récente n'a confirmé que trop les graves

accusations que je porte contre lui. Ne vient-il pas de reconnaître D. Miguel !

Le livre que je publie est un plaidoyer en faveur de la nation portugaise, lâchement sacrifiée : présenté à tous les peuples de la terre, aux contemporains, à la postérité ; destiné à faire connaître la vérité, à la répandre, à la propager dans les deux Mondes, il devait être écrit dans la langue qui a aujourd'hui le plus d'universalité. Il convient, dans l'intérêt de l'éternelle équité, dans l'intérêt de ma patrie, dans l'intérêt de l'humanité et de l'honneur des Puissances, que ma voix soit entendue jusqu'aux derniers confins de la terre. C'est avec des accents français que mon ame toute portugaise exhale sa plainte ; ces accents, je les reproduirai avec leur amertume originelle, avec toute l'énergie qu'a pu leur imprimer mon cœur. Alors mes concitoyens verront que si, sur le sol hospitalier, je conserve des sentiments lusitaniens, je n'ai pas désappris non plus la langue que Camoëns et tant d'autres beaux génies ont immortalisée.

DE L'ÉTAT ACTUEL

DE LA

MONARCHIE PORTUGAISE,

ET DES

CINQ CAUSES DE SA DÉCADENCE.

PREMIÈRE CAUSE,

L'USURPATION PAR PHILIPPE II EN 1580 :
ELLE DURE SOIXANTE ANS.

L'AFFLIGEANT tableau que présente aujour=d'hui la nation portugaise; les cruautés incroya=bles exercées par D. Miguel; et l'abominable conduite de l'Angleterre dans cette triste con=joncture, fixent l'attention de toute l'Europe.

Les Portugais, autrefois si renommés dans le monde pour leur caractère, leur valeur, leur savoir, leur puissance et leur patriotisme, sont maintenant déchus de ce haut rang où ils s'é=taient placés. Affaiblis, dispersés, ils ont vu s'anéantir leur représentation nationale, et il n'est aucun de leurs droits qui n'ait été violé. La nation livrée à des dissensions intestines, les agitations continuelles, les massacres, les échafauds sans cesse dressés; partout la mort, les larmes et le deuil; la ruine du commerce et de l'industrie; l'instruction publique réduite à rétrograder; l'agriculture condamnée à l'état le plus déplorable; l'horreur et la désolation générales; le fils combattant contre son père, le père contre ses propres droits; la consternation et la misère, et une sorte de fatalité qui semble s'attacher à toutes les entreprises des constitutionnels, pour les faire échouer ou les paralyser en semant parmi eux la désunion : voilà ce qu'ont produit l'usurpation, l'hypocrisie, la méchanceté et la perfidie la plus noire.

Je dis qu'une sorte de fatalité semble s'attacher aux entreprises des constitutionnels, parce que *celles mêmes qui nous faisaient espérer les meilleurs résultats, devinrent infructueuses et précaires.* Il faut remonter loin pour trouver la première source des maux qui affligent le Portugal; elle s'ouvrit avec la série des événements désastreux qui commencèrent à l'u=

surpation de la monarchie, machinée par les Jésuites et réalisée par Philippe II, en 1580.

Les gens instruits n'ignorent pas que le roi D. Diniz fut le fondateur de l'Université de Coimbre, et que l'infant D. Henri, frère du roi D. Duarte, institua la célèbre académie de Sagres, d'où sortirent les plus fameux navigateurs et les auteurs des plus grandes découvertes. C'est à eux que nous devons la connaissance des îles de la mer Atlantique, des côtes africaines, du vaste Brésil, et du passage du cap de Bonne-Espérance pour aller dans l'Inde par un chemin jusqu'alors impraticable. Ce fut à cette académie, que l'immortel Christophe Colomb acquit ces vastes connaissances nautiques qui devaient le vouer à l'admiration des siècles, et tourner à l'avantage de la couronne d'Espagne, qui sut tirer un meilleur parti de son génie que la nation chez laquelle il avait puisé un savoir aussi profitable.

Depuis la fondation de ces deux établissements littéraires, les sciences, particulièrement la navigation et l'astronomie, firent en Portugal des progrès si rapides, que, sous ce rapport, aucune nation ne pouvait s'égaler à la nation portugaise : l'expédition de Gama, le passage du cap de Bonne-Espérance, la découverte du Brésil, attestent cette vérité. Au temps du roi D. Manuel, surnommé *le Bienheureux*, le goût pour la littérature était si vif et si répandu en Portugal, que les femmes elles-mêmes aimaient à la cultiver. L'infante D. Maria, fille de ce roi magnanime, écrivait parfaitement le latin ; sa cour était une véritable académie où les dames s'amusaient à disserter et à résoudre des questions littéraires. Comment alors la littérature portugaise n'eût-elle pas été florissante? son étude devait nécessairement charmer toutes les classes de la société, puisque le trône était son plus ferme appui.

Tel est le pouvoir d'un bon exemple, que quoique l'orgueil soit presque toujours le défaut des grands, ceux qui formaient la cour du roi D. Manuel appréciaient tellement les hommes de lettres, que loin de les persécuter ou de les mépriser, ils les traitaient avec toute espèce d'égards, tenant à honneur de les admettre dans leur intimité, et s'estimant heureux de leur affection.

La renommée des triomphes de la nation

portugaise, ses conquêtes et ses découvertes, les progrès de sa littérature, retentirent dans les quatre parties du monde [1]. L'Espagne, toujours rivale du Portugal, ne put s'empêcher de mani=

[1] Quand on pense que le Portugal fit, il y a quelques siècles, trembler au bruit de ses exploits et l'Afrique et l'Asie ; que cette nation fatigua l'Espagne de ses victoires multipliées ; qu'elle se fraya la première la route des Indes par delà le cap de Bonne-Espérance ; que ses nombreux vaisseaux voguaient sur toutes les mers de l'Orient ; qu'elle découvrit le Brésil, cette belle et vaste contrée de l'Amérique ; qu'elle compte enfin parmi ses guerriers et ses hommes de mer les Albuquerque, les Castro, les Gama et les Cabral ; on ne conçoit pas que cette même nation soit tout à coup tombée en quelque sorte dans le néant.

  M. A. M. SAINÉ, dans son *Introduction à la traduction
  des Poésies lyriques de Filinto Elisio*, pag. 56.

Lorsqu'on réfléchit avec attention aux révolutions de ce royaume, on trouve qu'il a eu une destinée unique. Dès sa naissance, il éprouve des vicissitudes qui ne sont pas ordinaires. Au quinzième siècle, il fait la conquête des Indes : toute l'Asie passe sous sa domination. Dès lors la fortune du Portugal est prodigieuse. L'histoire ne dit point qu'aucune nation se soit élevée d'un vol plus rapide au faîte des grandeurs. Rome elle-même, dans le fort de sa gloire, ne conquit jamais tant d'états, ne domina sur tant de peuples, ne s'empara de tant de sceptres, et ne mit aux fers tant de rois.

C'est un spectacle, de voir le plus petit état de l'Europe, de= venir la première puissance du monde.

  Administration de M. de POMBAL, préface, pag. 6.

fester sa jalousie; craignant le pouvoir de nos armes, et plus encore la propagation des lumières qui s'étaient développées au sein de notre pays, elle prémédita bientôt l'usurpation de la monarchie lusitanienne.

Pour réaliser ce projet infâme, elle se servit des Jésuites, qui, voyant monter au trône, en 1521, le bienfaisant D. Juan III, naturellement pieux, commencèrent à dérouler leur vaste plan.

L'évêque D. Ozorio, qui fut le plus grand hypocrite de son siècle et le plus dangereux ennemi de sa patrie, avait tout l'ascendant possible sur le roi son maître. Le roi tendait à la conservation et à la propagation du christianisme; il manifesta le désir de faire porter la lumière de l'Évangile dans ses possessions les plus lointaines, et offrant aux pervers l'occasion qu'ils cherchaient, il leur prépara une voie facile pour satisfaire plus vite aux prétentions ambitieuses de l'Espagne.

Ozorio consulté, et d'accord avec l'infâme bande jésuitique, fit craindre au roi que la nouvelle doctrine de Luther ne vînt à s'introduire dans son royaume : le roi fut aussitôt saisi d'é=

pouvante, et Ozorio lui indiqua comme remède efficace, l'introduction des Jésuites en Portugal, et l'établissement de l'Inquisition. Cet habile et rusé prélat avait si bien gagné le cœur du monarque, qu'il n'eut pas beaucoup de peine à le convaincre. Il lui fit voir qu'une philosophie mal entendue pouvait conduire à admettre l'hérésie de Luther; que si jamais elle pénétrait en Portugal, elle ne manquerait pas de s'y propager, et qu'alors la religion chrétienne resterait abandonnée pour toujours. Il démontra combien il était urgent d'établir l'Inquisition dans le royaume pour arrêter et punir les abus en matière religieuse; il prouva enfin qu'il y aurait un immense avantage à accueillir les Jésuites, qui, suivant lui, non-seulement apporteraient un nouveau système d'éducation, mais qui encore iraient prêcher l'Évangile aux Infidèles, dans les vastes possessions de la couronne portugaise.

Le roi consentit à tout de bonne foi; et cependant les conséquences de ce qu'il accorda, furent la décadence de la littérature portugaise, une *captivité de soixante ans*, et la perte de nos plus belles conquêtes et possessions d'outre-mer.

Aussitôt que le tribunal sanguinaire fut érigé et que les Jésuites entrèrent en Portugal, on vit commencer leurs infâmes et détestables machinations. Ils préparèrent avec une préméditation atroce, le sacrifice de l'héritier du trône de Portugal, et la destruction de notre florissante littérature; travaillant clandestinement pour cela avec les pervers d'Espagne, afin de voir couronner plus tôt l'œuvre de leur insigne perfidie.

Un prince jeune et animé d'un grand courage, doué de sentiments purs et revêtu du noble caractère de ses illustres aïeux, venait de monter sur le trône. Ils profitèrent de son inexpérience, et mettant en jeu tous les ressorts de l'intrigue la plus flatteuse et la plus raffinée, ils stimulèrent tellement son amour-propre, qu'ils le firent passer en Afrique avec l'unique intention de propager la sainte Foi. Ce prince emmena avec lui l'élite de la jeunesse portugaise, une formidable et brillante armée, tous les grands de la cour qui n'appartenaient pas au parti jésuitique, et une nombreuse escadre. Il est évident qu'une expédition aussi considérable, si elle eût été bien dirigée, pouvait immortaliser le nom du roi D. Sébastien, et couvrir de gloire ses illustres compagnons d'armes : mais quand l'inexpérience guide les monarques et que la trahison les poursuit, il n'est plus pour eux d'espoir de salut.

Au milieu d'une bataille des plus sanglantes et des plus opiniâtres, le jeune et malheureux monarque fut aperçu tenant son épée à la main et combattant contre les Maures avec un sang-froid extraordinaire et le plus grand héroïsme. Cependant, comme on avait juré sa perte, il fut abandonné par ceux-là mêmes qui devaient le secourir; n'ayant pas su se retirer à temps, il se trouva enveloppé et fut contraint de céder au nombre. Nos troupes furent mises entièrement en déroute, et les Maures remportèrent une victoire complète sur une grande armée, eux qui tant de fois avaient été battus par de petites divisions portugaises. Mais celles-ci étaient commandées par des hommes valeureux, expérimentés, qui prisaient plus la gloire de leur patrie que toutes les richesses de la nation espagnole. Après cette défaite, aucune des personnes qui y avaient assisté ne put affirmer avoir vu mourir le roi. Qu'était-il devenu ?

Voici à ce sujet, un fait qui mérite d'être rapporté ; le lecteur saura l'apprécier. Peu de temps après cette terrible catastrophe, parut en Espagne un jeune homme qui, se prétendant le roi D. Sébastien, demandait à la Cour de Madrid de le reconnaître et de l'aider à aller prendre possession du royaume de Portugal. Le malheureux n'eut pas plus tôt annoncé ses prétentions, qu'il fut garrotté, chargé de fers et conduit dans une horrible prison de la place de Ceuta où il mourut quelque temps après ; peut-être y fut-il égorgé. Si c'était réellement le roi D. Sébastien, il est bien juste, sans doute, de se lamenter sur son sort ; si ce n'était pas lui, il faut convenir qu'il paya bien cher son imposture.

Quand le cardinal Henri monta sur le trône, les Jésuites avaient déjà tout préparé pour que le Portugal reçût avec toute l'humilité chrétienne, le joug sacré de la cour de Rome et celui de Philippe II. Mais il restait encore une chose importante à faire pour réaliser ce grand projet ; c'était de détruire en même temps la littérature afin que les peuples plongés dans l'ignorance, si favorable à l'esclavage, ne pussent à l'avenir rompre les chaînes qu'on leur destinait.

Il fallait par conséquent frapper un coup d'État, de telle nature, qu'il anéantît les hommes de lettres, sous le prétexte que les philosophes étaient *très pernicieux!*

Voilà pour quel motif le parti jésuitique toléra que la calotte du chaste Henri fût transformée en diadème.

Aucun autre monarque ne pouvait mieux satisfaire ses désirs. Enclin à la tyrannie, fanatique et ennemi juré des hommes de lettres, il adhéra à toutes les volontés des Jésuites, autorisa toutes leurs iniquités, et précipita la nation dans le chaos de l'ignorance la plus complète.

Si l'on supposait que je parle avec passion, parce que je suis Portugais, pour se convaincre du contraire il suffirait de lire ce que dit à cet égard, un auteur français digne de foi, **M. A. M. Sainé.**

« Cette décadence des lettres provint, comme
» nous l'avons dit, de l'introduction des Jésuites
» et de l'établissement de l'Inquisition. Le car=
» dinal Henri, qui depuis monta sur le trône, fut
» l'instrument de la domination soupçonneuse
» et tyrannique que les Jésuites établirent pour
» contenir le peuple, exercer sur les hommes

» de lettres la surveillance la plus rigide, et pré=
» parer le Portugal à recevoir le joug de la Cour
» de Rome et celui de Philippe II. Ils ne furent
» que trop bien servis par l'Inquisition qui dé=
» fendait d'écrire *et presque de penser*, et com=
» primait les esprits par la crainte. Les écrivains
» qui eurent le courage de lutter contre les ef=
» forts réunis du despotisme jésuitique et de
» l'ignorance, *payèrent de leur vie* leur intré=
» pide dévouement. On vit le Tage déposer sur
» ses rives et devant les murs de la capitale, les
» cadavres de ceux qu'on jetait à la mer des
» portes de Cascaes et de Bogio. Il n'est pas
» étonnant que les lettres et les sciences aient
» subi à cette époque une éclipse totale, etc. »

Dans une situation aussi déplorable que celle où nous la montrons réduite, comment la nation portugaise aurait-elle pu résister aux tentatives ambitieuses de l'Espagne et au développement de l'iniquité jésuitique? D. Henri étant mort sans laisser de successeur, il ne restait aux Jésuites pour accomplir leur grand dessein, que de mettre le roi de Castille en possession du Portugal, ce qu'ils obtinrent en peu de temps avec l'aide de la cour de Rome. Néanmoins, il y avait divers prétendants à la couronne portugaise, et chacun d'eux voulait être le préféré. Philippe II trancha la question en montrant qu'il avait plus de droits que tous ses compétiteurs, parce qu'il pouvait disposer de cinquante mille baïonnettes pour assujettir le Portugal.

Mais si ce royaume, à l'époque où Philippe en prit possession, était dans un pitoyable état, combien n'avait-il pas souffert davantage alors que la valeur de quarante braves portugais, l'arracha des griffes de Philippe IV !

Le joug espagnol était si affreux, que les Portugais se ressentent encore aujourd'hui de ses funestes effets. Notre marine, auparavant formidable, fut entièrement ruinée ; la plupart de nos vaisseaux de guerre furent détruits au service d'Espagne ; notre commerce perdit plus de deux cents navires de haut-bord ; nos manufactures furent dépouillées, nos arsenaux dévastés ; les Espagnols nous enlevèrent plus de deux mille pièces de canon en bronze, et un nombre incalculable de canons en fer ! En moins de quarante ans, ils ravirent à la couronne de Portugal plus de 500,000,000 de francs en or, somme vraiment prodigieuse à cette époque.

Ils nous firent perdre également toutes nos conquêtes et établissements situés en Afrique, en Asie et en Amérique, parce que les Hollandais, non moins ambitieux que les Espagnols, avec lesquels ils étaient en guerre, profitèrent de notre découragement pour nous expulser de nos plus belles possessions, et pour s'emparer de tous nos domaines sous le prétexte que nous étions sujets du roi d'Espagne.

D'un autre côté, les Jésuites, les ministres espagnols et l'infernale engeance inquisitoriale, travaillaient à l'envi pour éteindre le nom portugais. Il est donc bien évident que soixante ans de captivité et de pénurie, un siècle de persécutions jésuitiques, la destruction de notre littérature, l'introduction d'un idiôme étranger, le contact continuel avec des êtres perfides et profondément vicieux, devaient naturellement causer une grande révolution dans les usages et les mœurs des Portugais. Leur morale se pervertit, leur idiôme se dénatura, il n'y eût pas jusqu'à la noblesse de leur caractère qui ne disparût pour ne plus revenir, car ils avaient perdu la vertu, et celle-ci, une fois qu'on l'a abandonnée, ne se retrouve plus. On se laisse

entraîner rapidement au mal, et vouloir ré=
former les mœurs sans faire des concessions à
l'esprit du siècle, c'est entreprendre l'impos=
sible.

Quand Jean IV monta sur le trône, en 1640,
il devait considérer que la plus grande gloire
d'un roi consiste à faire le bonheur de ses peuples; il devait voir à quel état misérable la
nation portugaise se trouvait réduite, et chercher
l'origine de ses maux afin de parvenir à les guérir ; mais Jean IV était trop bon pour devenir
un grand roi, et les Jésuites qui l'entouraient,
étaient trop intéressés à ne pas lui donner de
sages conseils. Aussi son règne n'offre-t-il qu'une
suite de perturbations et de guerres; il maintint
néanmoins l'indépendance nationale vis-à-vis
de l'Espagne qui, se croyant offensée par le
mauvais traitement que les Portugais avaient
fait éprouver à son ministre *Vasconcellos*,
prétendait en tirer une éclatante vengeance.
Toutefois, ses efforts pour y parvenir furent
inutiles, et quoique dans l'état déplorable
où l'avaient réduit les trames de ses ennemis,
le Portugal, tout petit et abattu qu'il était, sut
pour sa liberté, lutter contre les nombreuses

armées espagnoles, et même les vaincre plusieurs fois. Le Brésil et le royaume d'Angola furent récupérés; mais la plus grande partie de nos établissements sur la côte d'Asie resta au pouvoir des Anglais, qui en avaient chassé les Hollandais avec lesquels ils étaient en guerre.

Arriva le règne du roi D. Jean V; les sciences et les arts recommencèrent à fleurir; le commerce et l'agriculture se ranimèrent; on construisit quelques monuments d'éternelle mémoire; mais nos vaisseaux de guerre, notre artillerie, nos trésors, et finalement tout ce que l'Espagne nous avait extorqué, ne nous fut point rendu. Ainsi que ses prédécesseurs, le roi, qui était pacifique, n'exigea jamais de cette nation aucune indemnité. Qui perdit à cet abandon, sinon les Portugais? Si l'argent que le roi D. Jean V dépensa avec la cour de Rome, eût été employé à équiper, armer, et habiller une bonne armée qu'il aurait conduite jusqu'à l'endroit où le prince Charles d'Espagne livra les clefs de la place d'Albuquerque à notre général, comte de Villaverde, peut-être la nation portugaise eût gagné davantage à réclamer une indemnité qu'à recevoir une bulle pontificale, qui accordait au roi la permission d'avoir un *Patriarche* à Lisbonne! C'est néanmoins à Jean V que cette capitale est redevable de l'*Académie d'histoire et d'antiquité* qu'elle possède dans son sein, et dont il fut le fondateur.

Le roi D. Joseph, dès son avénement au trône, manifesta un caractère magnanime et ferme; il se montra ami des lettres, protecteur des arts, pieux et en même temps équitable. L'époque paraissait arrivée où le Portugal allait figurer de nouveau dans l'Europe, avec cette splendeur et cette magnificence dont il avait été dépouillé par l'intrigue des Jésuites et l'ambition de l'Espagne. En effet, on vit bientôt combien D. Joseph était digne de porter le sceptre, et combien il s'intéressait soit à la gloire, soit à la prospérité de sa patrie.

Une de ses premières démarches en faveur de la régénération du Portugal, qu'il avait le dessein d'opérer, fut d'appeler devant lui le conseiller Sébastien Joseph de Carvalho[1], auquel il avait cru reconnaître toutes les facultés néces-

---

[1] Bien connu sous les titres de comte de Oeiras, et marquis de Pombal, que le roi lui conféra en récompense de ses services.

saires pour réaliser un si grand projet. Cet homme à qui la nation portugaise a les plus grandes obligations, bien qu'il penchât vers le despotisme, ne fut pas plus tôt nommé premier ministre, qu'il s'occupa uniquement de régéné= rer sa patrie, et d'ajouter à la gloire du monarque dont il avait la confiance. Malheureusement l'œuvre dont l'accomplissement était l'objet de ses vœux, était à peine commencée, qu'un horrible désastre plongea la nation dans le deuil : Lisbonne s'engloutit presque entièrement par les secousses réitérées d'un tremblement de terre. Quel lamentable tableau présenta alors cette cité! On n'y voyait partout qu'édifices renversés ou dévorés par les flammes; des trésors immenses restèrent enfouis sous les décombres ; des mil= liers de créatures de tout rang, de tout sexe et de tout âge, y furent ensevelies..... Les pertes qui résultèrent de cette catastrophe, s'élevè= rent à une somme de millions incalculables. Le commerce principalement reçut un coup terrible; car tous les objets précieux qui étaient déposés à la douane, et à la *casa da India* [1],

---

[1] Douane destinée particulièrement à renfermer les marchan- dises venant de l'Inde.

ainsi que la plus grande partie des bureaux, livres et registres des négociants furent réduits en cendres. Des bibliothèques entières eurent le même sort. On perdit en outre de superbes éditions, un nombre infini de manuscrits rares et précieux, ainsi que plusieurs documents d'une très grande valeur.

Cependant le roi ne se laissa point abattre par cet événement fatal. Résolu et ferme dans ses projets, connaissant que les maux récents devaient être les premiers guéris, il ordonna au marquis de Pombal d'apporter aux calamités résultant de la gravité de la circonstance, les les remèdes plus efficaces et les plus prompts.

Combien, avec des intentions pures, auprès d'un monarque qui sait apprécier son mérite et son patriotisme, un ministre habile devient utile à la patrie!

Le marquis de Pombal rendit des services d'une telle importance, qu'il mérite bien d'être disculpé de quelques excès qu'il crut devoir se permettre pour garantir la sûreté de l'État. Son nom sera toujours cher aux Portugais qui aiment la gloire de leur patrie; car, sans entrer dans un prolixe et minutieux détail de tout ce que ce ministre a fait de bien, il suffira de dire que tout ce qu'il y a aujourd'hui encore de grand et de magnifique en Portugal, est son ouvrage. Lisbonne, reconstruite d'après les règles du goût, se releva comme par enchantement. L'université de Coimbre, fut rétablie et devint en peu de temps fameuse par l'excellente méthode qu'il fit adopter, en séparant les divers enseignements, en instituant des chaires de médecine, de sciences naturelles, de jurisprudence, de droit naturel, de mathématiques, de théologie, etc. Le collége des nobles, l'académie royale de fortification et celle du commerce, les observatoires astronomiques de Coimbre et de Lisbonne, les jardins botaniques et cabinets d'histoire naturelle, ainsi que beaucoup d'autres établissements scientifiques sont autant de créations du marquis de Pombal. Les arts furent aussi, de sa part, l'objet d'une attention spéciale : il fit construire des forteresses ; fonda de nouvelles populations ; établit des fabriques ; organisa l'armée et la marine; protégea le commerce, la navigation et la pêche ; ranima l'agriculture qui était dans un état déplorable ; fit restaurer les arsenaux, les fonderies ; réparer

les ponts et les routes, et en fit construire d'au=
tres magnifiques; il introduisit un système de
comptabilité régulier; fonda le trésor royal;
créa un tribunal suprême pour protéger le com=
merce, l'agriculture, les fabriques, et la naviga=
tion, et plusieurs autres pour veiller à la bonne
administration des revenus de l'État; il régla les
taxes de la douane et les impôts; promulgua
d'excellentes lois de police; et, pour empêcher
la contrebande, il expulsa les mendiants et les
vagabonds, qui sont le fléau de la société; il
récompensa les hommes de mérite, protégea les
hommes de lettres; et afin de donner un nou=
veau lustre à son nom, il fut l'auteur de l'ex=
tinction des Pères de la Compagnie....

Ce respectable ministre semblait être universel
sur toutes les matières : il possédait les plus
vastes connaissances, notamment en économie
politique; c'était à la fois un savant et un grand
homme d'État; il était d'une intégrité et d'un
zèle de patriotisme qui ne se démentirent ja=
mais : ajoutez qu'à ses vertus, il joignait la fer=
meté d'esprit et un courage à toute épreuve. Ils
sont bien rares les hommes que la nature fa=
vorise de qualités aussi sublimes, et bien plus

rares encore les souverains qui savent les hono=
rer pour le bonheur de la patrie! Cependant
D. Joseph sut choisir, et il fut constant jusqu'à
la mort.

Le marquis de Pombal, plein de confiance
dans le caractère du monarque, lui avait de=
mandé la grâce d'être revêtu d'une autorité sans
bornes, afin de pouvoir accomplir l'œuvre de
la régénération; le roi la lui accorda, convaincu
que les nobles sentiments dont le marquis était
doué, le rendraient incapable d'en abuser.

Aussitôt que le digne marquis de Pombal fut
investi des pouvoirs suffisants pour diriger la
machine politique des affaires de Portugal, il
s'impatronisa dans tous les cabinets de l'Europe,
afin de pouvoir connaître profondément leurs
manéges, et d'être toujours prêt à déjouer tout
projet qui tendrait à entraver ses vues pour le
bonheur de son pays. Ce fut sans doute à cette
époque délicate que le marquis développa toute
sa sagacité, et fit connaître à son roi et au
monde, combien il était habile politique. Il re=
connut que les trois plus redoutables ennemis de
notre gloire étaient *les Jésuites*, *l'Angleterre* et
l'Espagne; il s'occupa d'anéantir le plus dan=

gereux, et il mit tant d'activité et d'adresse dans cette affaire, que le même jour et à la même heure, tous les Jésuites qu'il y avait dans le Portugal et dans ses domaines furent, sans exception, arrêtés et mis en prison. Pareille chose leur arriva depuis chez toutes les nations de l'Europe, dont les cabinets, en grande partie, étaient aussi dirigés par de savants politiques. Un secret d'une aussi haute importance, gardé si long-temps par tant de monde, lorsque le jésuitisme était partout, lorsqu'il avait la plus grande influence dans les affaires politiques, manifeste évidemment le caractère le plus honorable de quiconque sut le conserver dans son sein.

On ne manqua pas de crier contre le marquis de Pombal à cause de cette mesure que l'on disait être violente, arbitraire et cruelle; mais ceux qui parlèrent ainsi, ou n'étaient point au fait des atrocités exercées par la corporation, ou ils étaient ses amis et ses partisans. Quand un état est en danger, il faut le sauver à tout prix; et si le péril peut embrasser tous les citoyens, il vaut mieux frapper ceux qui l'ont fait naître que de sacrifier une nation entière.

La destruction des Jésuites, bien loin d'être arbitraire, fut juste et fondée sur le droit.

Suivant les jurisconsultes et les publicistes les plus instruits, on ne doit arrêter une personne qu'après avoir acquis la preuve du délit qu'on lui impute, ou en flagrant délit; le délit s'établit sur la déposition de deux témoins, au moins; la conformité de leur témoignage fait la preuve.

Or, si deux témoins suffisent pour faire la preuve, osera-t-on dire que les crimes des Jé=suites n'étaient pas constatés, eux dont mille faits encore patents révélaient les attentats, eux qui s'étaient attiré l'animadversion générale, et contre qui s'élevaient les clameurs des peuples fatigués de leurs tyrannies?

Si les affaires d'État eussent toujours été conduites avec autant de politique, de discré=tion, d'activité et de désintéressement, le monde entier ne serait point aujourd'hui révolté et opprimé sous le poids de l'intrigue la plus dé=hontée d'une nation qui, il y a à peine quelques siècles, n'était qu'une poignée de pêcheurs.

Après que le Portugal fut délivré de la peste jésuitique, les grands désordres finirent, et l'industrie, le commerce, l'agriculture et les sciences commencèrent à prospérer; mais non pas autant que le marquis le désirait, parce qu'il existait encore deux puissants ennemis qu'il fallait vaincre. Plus habile que d'autres *grands hommes* de notre temps, et sachant bien que les baïonnettes ne contribuent pas toujours à l'agrandissement des États, il dirigea tous les rayons de sa sublime politique contre l'Angleterre, qui, à titre d'alliée et amie, ne travaillait qu'à notre ruine. Sans mettre en mouvement de nombreuses armées, dans son cœur il lui déclara la guerre, et plusieurs fois il eut la gloire de vaincre les ennemis de notre patrie. Un des grands maux que les Anglais nous causèrent, fut de paralyser les progrès de notre industrie, en nous apportant leurs marchandises qu'ils nous livraient à des prix très inférieurs, afin de détruire nos manufactures et de nous extorquer notre or. Pour empêcher ce dommage et porter un coup mortel à l'Angleterre, le sage marquis ne prohiba point l'introduction des marchandises anglaises, mais il fit décréter que les Portugais ne pourraient pas en faire usage; et comme le roi D. Joseph fut le premier à se soumettre à cette décision, le

peuple convaincu d'ailleurs de l'utilité de la me=
sure, s'empressa de suivre le noble exemple donné
par son prince; il obéit sans la moindre répu=
gnance, et ce qui avait été prévu arriva; en peu
d'années l'Angleterre, privée d'une quantité
énorme de millions qu'elle levait sur nous, vit
une grande partie de ses fabriques se fermer, et
bon nombre de ses négociants faillir; ses entre=
pôts furent encombrés de marchandises dont
personne ne voulait, et son commerce se trouva
presque entièrement paralysé; enfin il vint un
moment où, pour obtenir nos denrées coloniales,
les Anglais furent contraints de venir les
acheter à Lisbonne avec le même or qu'ils nous
avaient enlevé par la faute de notre gouverne=
ment.

Bientôt le Portugal fut dans une situation
vraiment prospère; déjà il exigeait des satisfac=
tions publiques de l'Angleterre, et on les lui
donnait; nos fabriques avaient été remises en
vigueur; notre commerce était florissant; nous
exportions nos productions et nos marchandises
au lieu de recevoir celles de l'étranger; enfin
nous figurions de nouveau entre les nations
avec splendeur, tandis que l'Angleterre s'ache=

minait vers sa décadence. C'est ici le cas, ou jamais, de remarquer quels fruits immenses une nation peut retirer du dévouement d'un seul homme, lorsqu'à ce dévouement se joignent une force réelle et une grande habileté politique.

Quiconque voyait organiser l'armée, rééditier les places de la frontière ou en construire d'autres; quiconque voyait l'activité des arsenaux et des chantiers, l'érection des digues, la nombreuse artillerie de tous calibres qui sortait des fonderies, les poudrières, les laboratoires considérables établis récemment pour la confection de l'artifice de guerre, les nouvelles machines pour forer les canons de fusil, les moulins à poudre, ne pouvait s'empêcher de reconnaître que le marquis de Pombal avait en vue un grand projet : quel pouvait-il être, les Jésuites étant anéantis, et l'Angleterre réduite dans un tel état qu'il lui était impossible de nous nuire? Tout homme, fût-il le moins politique du monde, se persuadera que le moment était venu où le marquis de Pombal pouvait exiger de l'Espagne une indemnité complète pour les usurpations qui nous avaient été faites au temps des Philippes.

Mais à quoi tient la prospérité des États!....
Les œuvres de plusieurs siècles sont détruites
quelquefois dans un seul jour; et lorsque les
rois se croient bien affermis sur le trône,
c'est alors qu'ils en sont précipités par l'incon=
stance de la fortune.

Au milieu de tant de bonheur, le roi tombe
malade, et une longue infirmité le détourne de
prendre part aux affaires de son royaume. Enfin,
accablé de souffrances, sentant sa fin approcher,
et désirant être utile à ses sujets encore après sa
mort, il fit appeler sa fille qui était l'unique
héritière de la couronne, et lui parla ainsi : « Ma
» chère et bien aimée fille, tu vas bientôt mon=
» ter sur le trône, d'où ton père va descendre
» pour aller au tombeau ! Je te recommande
» surtout d'être équitable et juste.... et n'ou=
» blie jamais que, dans ce moment terrible, mon
» peuple est présent à mon souvenir.... Aime-
» le et protége-le de tout ton pouvoir, et si tu
» veux bien gouverner, n'éloigne jamais de toi
» le marquis de Pombal ; car il fut toujours mon
» meilleur ami : écoute ses bons conseils, et
» dirige-toi d'après ses maximes, si tu as
» le désir de rendre le Portugal heureux. »

Ces paroles furent les dernières que prononça ce bon roi, et après avoir serré dans ses bras son auguste fille, il rendit le dernier soupir.

L'impression que la mort de ce digne monarque fit sur les Portugais, ne peut être rendue. Le chagrin et la douleur se peignirent pendant long-temps sur tous les visages; chacun croyait avoir perdu un père, un ami, un bienfaiteur. Vint ensuite le règne de D. Maria Ire. Nous sommes persuadés que les intentions de cette princesse furent toujours pures; elle estima les hommes de lettres, protégea les sciences et les arts; maintint la paix sans interruption; fit plusieurs actes de justice et d'humanité, et c'est à elle que nous devons la magnifique bibliothèque royale de Lisbonne; mais tout ce qu'elle a fait de bien pendant son règne, ne pourra jamais faire oublier aux Portugais, qu'en se privant du ministre habile qui avait tant contribué à l'agrandissement de leur nation, elle a été la cause de tous leurs malheurs : ils lui reprocheront toujours le renvoi de celui que son père lui avait recommandé de conserver, parce qu'il connaissait sa fidélité et ses talents, pour ad=

mettre à sa place, un homme [1] qui avait été déporté à Angole pour avoir violé un secret de cabinet.

Cette fatale désobéissance, en enlevant aux Portugais la satisfaction de voir accomplir par le marquis de Pombal, le grand ouvrage de la régénération politique de l'empire lusitanien, devint l'origine des malheurs qui arrivèrent depuis.

Le règne de D. Joas VI fut un enchaînement de troubles, d'intrigues et de désastres, occasionés par son extrême bonté. Il eut quelques ministres probes; mais la plupart, entachés d'égoïsme et voués à l'arbitraire, furent des sangsues de la fortune publique. Ainsi, la trahison d'Espagne, le départ du roi pour le Brésil, une succession de mauvais ministres, une guerre prolongée, la régence de Portugal, l'impéritie de plusieurs députés des Cortès, l'inexpérience et la méchanceté de beaucoup d'autres, et surtout l'influence de l'Angleterre, causèrent à la nation portugaise de si grands maux, que le roi même ne put s'empêcher de les divulguer, prin=

---

[1] Joseph de Seábra da Silva.

cipalement dans sa proclamation de Villa-Franca. De sorte qu'en 1825, époque à laquelle le roi décéda, le Portugal était dans un état plus malheureux encore que celui où le règne de Philippe II l'avait laissé; car, du moins il y avait union et patriotisme, et à la mort de D. Jean, la nation était non-seulement démembrée et *divisée*, mais elle restait assujettie à la domination anglaise et exposée aux horreurs d'une terrible anarchie, dont le développement funeste et rapide a fait jusqu'à ce jour tant de victimes.

Ces faits sont malheureusement si notoires, qu'il serait superflu de les raconter.

En effet, qui peut douter, au milieu de tant d'événements extraordinaires, que tous les maux dont la nation portugaise est accablée, ne dérivent en grande partie de l'usurpation faite par Philippe II? Jusqu'alors le caractère des Portugais était ferme, généreux et plein de patriotisme; mais comment ces vertus sociales auraient-elles pu se conserver au sein de l'esclavage? Et comment un peuple aurait-il des idées de liberté, lorsqu'on cherche à le démoraliser, à l'abattre et à le réduire à la plus complète ignorance afin de pouvoir mieux l'asservir?

Si ce traitement fut celui que les Philippes firent subir au peuple portugais; si depuis ce moment jusqu'à la fin du règne de D. Jean, le gouvernement ne s'occupa jamais d'appliquer les remèdes propres à guérir d'aussi grands maux; si la mort prématurée du roi D. Joseph, priva les Portugais de voir couronner l'œuvre de leur régénération; si plus tard on n'a fait que démoraliser, détruire, anéantir la nation, il est bien évident que ces maux subsistent encore, et que, si les Portugais les tolèrent, c'est que tous n'ont pas le caractère honorable de leurs ancêtres, et qu'en grande partie ils se ressentent encore des effets de cette terrible usurpation.

DEUXIÈME CAUSE,

L'INSATIABLE CUPIDITÉ DES JÉSUITES.

Comme chacun le sait, cette *sainte* congrégation fut instituée par un Espagnol, en l'année 1540. Rome eut l'honneur d'être le lieu de son installation, et Paul III, la gloire de la reconnaître et de l'autoriser par une bulle pontificale qui concédait au père Ignace, son fondateur, la permission de la nommer *Congrégation des Prêtres réguliers de la Compagnie de Jésus*, et d'y admettre un nombre de profès fixé à soixante; cependant, à cette époque, Ignace avait à peine neuf disciples; mais en 1543, on en comptait déjà quatre-vingt-dix; en 1608, il y avait dix mille cinq cents Jésuites! et en 1718, le nombre s'était élevé à plus de vingt mille!!!..

Quant à son instituteur, il vaut mieux garder le silence; ses vertus ont été assez célébrées; pour ce qui est de la corporation, c'est autre chose : on ne saurait trop dire quels furent la conduite des Jésuites, et les motifs qui obligèrent les nations à les bannir.

Les Jésuites, suivant l'opinion la plus raisonnable, furent une peste qui s'introduisit dans la société. Leurs maximes furent si perverses, si violentes et si cruelles, que partout où ils parurent, on ne vit que désordres, meurtres et dévastations. Leurs passions dominantes étaient la soif de l'or, l'amour du pouvoir et la sensualité. Dans leur ambition démesurée, ils aspiraient à régenter l'univers; pour parvenir à leurs fins, ils ne connaissaient d'autre loi que leur volonté, et s'ils rencontraient des obstacles, pour les surmonter, lorsque l'intrigue était insuffisante, ils ne se faisaient pas scrupule d'avoir recours au poison ou au poignard.

Avec cette race infernale de monstres répandus

dans le monde entier, comment un roi aurait-il pu compter sur sa couronne, et ses sujets éviter la mort? Leur vie était continuellement exposée à la fureur brutale de ces scélérats, dont les excès causèrent tant de maux, et firent couler des flots de sang. Afin d'assurer le succès de leurs trames, les Jésuites commencèrent par s'emparer de l'instruction publique; ils obtinrent de la sorte que la jeunesse leur fût soumise et disposée par affection, à les seconder dans l'accomplissement de leurs projets; mais ce n'était là que préparer de loin les voies pour avancer plus rapidement; il fallut qu'ils hantassent les palais, et approchassent du trône. Ce fut alors qu'on les entendit prêcher par déférence une morale relâchée, justifier les vices, disculper les passions, atténuer les crimes. Chacun pouvait être parjure, adultère, homicide, et même ne point aimer Dieu; l'absolution d'un Jésuite était un remède pour toutes sortes de péchés; et le pénitent qui avait le bonheur de l'obtenir, allait directement au ciel, fût-il le plus grand assassin!

Des confesseurs aussi commodes ne pouvaient pas manquer de pénitents; car il n'y a rien de plus agréable que de gagner le ciel sans peine. Les Jésuites maîtres de la direction des consciences, surent bientôt tous les secrets des familles. Ils virent à leurs pieds les rois les plus puissants; s'établirent les juges de leurs actions; réglèrent leur conduite, et finirent par s'arroger le pouvoir. L'Europe se vit alors enchaînée par eux; il n'y eut pas d'intrigues, de désordres, de révoltes, d'assassinats, de perfidies ou d'iniquités auxquels ils ne participassent plus ou moins. Il semblait qu'ils eussent enveloppé d'un réseau imperceptible tous les royaumes, afin qu'il n'y en eût aucun qui pût se soustraire à leur influence.

Je ne rappellerai pas toutes les atrocités dont ils se souillèrent; il faudrait des volumes pour les énumérer: pour donner une idée générale de leur caractère, il me suffira de rapporter les faits suivants:

En 1547, par une nuit des plus obscures, les Jésuites de Coimbre en Portugal, sortent de leurs demeures, les uns couverts de haillons, les autres presque nus; et parcourant les rues avec des torches allumées et le crucifix à la main, ils éveillent les habitants en criant de toutes parts:

L'enfer, l'enfer, pour tous ceux qui sont en état de péché mortel! Venez, venez entendre la parole de salut!... Ils poussèrent l'excès jusqu'à entrer dans les églises dans cette tenue indécente, et en continuant leurs vociférations.

En 1548, les Jésuites se font passer à Salamanque, pour les précurseurs de l'*Antechrist*. Dominique Melchior de Cano, est l'auteur de cette farce; il en est récompensé par l'évêché de Canaris, qu'il obtient peu de temps après.

En 1549, les Jésuites établis dans le royaume de Congo, en Afrique, en sont expulsés pour avoir commis les plus grands excès, causé des dommages très considérables aux Portugais, et même fait perdre la vie à plusieurs.

En 1552, les Jésuites sont accusés de plusieurs crimes, entre autres de s'être livrés aux actes les plus scandaleux dans des maisons où ils réunissaient une grande quantité de femmes qui étaient fustigées une fois par semaine par leurs confesseurs.

En 1553, dans l'Inde, le Jésuite Henri est cause de la mort d'un grand nombre de Portugais, parce que, au lieu de travailler à la propagation de la sainte foi, il ne s'occupait que de la pêche aux perles. Il eut un meilleur sort que les pêcheurs, parce qu'il put racheter sa vie moyennant mille pièces d'or qu'il donna aux Indiens, somme vraiment très considérable pour quelqu'un qui fait vœu de pauvreté; ces pièces valaient 40 francs chacune; il donna donc 40,000 francs.

En 1554, le premier décembre, l'Université de Paris rend contre les Jésuites, un décret dans lequel elle s'exprime de la manière suivante: *Cette société nous paraît extrêmement dangereuse en ce qui concerne la foi, ennemie de la paix de l'Église, funeste à l'état monastique, et instituée plutôt pour la ruine que pour l'édification des Fidèles.*

En 1555, Jules III, pontife de Rome, ayant reconnu l'ambition des Jésuites et leur caractère intrigant, leur interdit l'entrée de son palais. Pendant la même année, les Jésuites usurpent et anéantissent l'Université de Coimbre, et en expulsent tous les professeurs!

En 1556, les Jésuites, à cause de leurs intrigues et de leur ambition, font chasser les Portugais du Congo, sur la côte d'Afrique.

En 1557, Oviédo et Nunes, prélats portu=

gais, ainsi que tous les Jésuites qui étaient en Éthiopie, se rendent si odieux par leurs excès, qu'ils sont obligés de fuir. L'Inquisition est l'œuvre des Jésuites pour se venger de leurs ennemis.

En 1558, Paul IV traite les Jésuites d'*enfants rebelles* et de *fauteurs d'hérésies !*

Dans la même année, un Jésuite de Grenade refuse l'absolution à une pénitente jusqu'à ce qu'elle lui ait déclaré le complice de son péché. A peine a-t-il la révélation qu'il exige, il va divulguer à l'archevêque toute la confession de cette femme.

Les Jésuites, irrités de ce que l'empereur Charles V ne leur avait rien légué, courent à l'Inquisition et dénoncent faussement Constantin-Ponce et Cacula, qui avaient été prédicateurs de ce prince, ainsi que Caranza, archevêque de Tolède, qui l'avait assisté à ses derniers moments. J'ignore de quelles autres faussetés et trahisons ils se rendirent coupables ; tout ce que je sais, c'est que Cacula fut brûlé vif, et que peu de temps après Constantin et Caranza moururent en prison ; peut-être y furent-ils assassinés secrètement.

Le cardinal Henri, archevêque d'Évora et oncle du jeune roi de Portugal, érige en université un collége qu'il avait fait bâtir pour les Jésuites dans cette ville; ce furent ces mêmes Jésuites qui vendirent le Portugal à Philippe II.

En 1560, les Jésuites sont expulsés du pays des Grisons par un décret du Conseil: *Comme étant ennemis de l'Évangile, et gens turbulents..... En un mot, comme des hommes plus capables de corrompre la jeunesse que de l'instruire.*

Dans la même année, les Jésuites tentent de sacrifier, à Venise, le patriarche de cette république, parce qu'il s'était conformé aux ordres du sénat par lequel il lui était prescrit de surveiller la conduite des Pères, qui s'étaient mis à confesser les femmes des principaux sénateurs, afin de savoir ce qui se passait au Conseil.

Les Jésuites expulsent les religieuses Ursulines d'un grand couvent, et Pie IV, loin de les punir de cette spoliation, les dote de 600 écus d'or.

Le père Gonzalves, Jésuite, convaincu d'espionnage, est pendu au Monomotapa.

En 1560, David Wolff, Jésuite, Irlandais

de nation, conspire contre Élisabeth, reine d'Angleterre; il s'ensuit de cruelles batailles, qui causent la mort d'un grand nombre de catholiques irlandais.

Trois Jésuites [1] gouvernant le Portugal, et vendus à Philippe II, préparent l'esclavage des Portugais et la mort du jeune monarque [2].

Philippe II, ayant acquis la preuve que les Jésuites tiraient fréquemment d'Espagne des sommes considérables pour les envoyer à Rome, leur défendit cette dilapidation sous des peines très graves.

Le Jésuite Salmeron est accusé à Naples d'une infinité de crimes, entre autres d'avoir extorqué une somme considérable d'argent, d'avoir voulu abjurer la foi, d'avoir conspiré contre la religion, et d'avoir vendu l'absolution; il est prouvé qu'il ne la donna à une dame assez

---

[1] Léon Henri, confesseur du cardinal D. Henri; Gonzalves, confesseur du roi D. Sébastien; et le père Torres, confesseur de la reine régente, D. Catherine.

[2] Quand un état est gouverné par de si bonnes gens, il n'est pas étonnant d'en voir résulter la mort du monarque et l'esclavage du peuple.

riche de cette ville, qu'après en avoir obtenu mille écus d'or.

Pendant que les Jésuites jurent en France de renoncer à leurs priviléges et de ne jamais recourir aux moyens qu'ils avaient employés pour obtenir un legs de 115,000 francs, ils sollicitent et obtiennent de Pie IV la confirmation de ces mêmes priviléges, et l'autorisation d'assouvir leur avarice et leur ambition comme il leur conviendra. Tel est le caractère jésuitique.

En 1562, Barreto et Oviédo, tous deux Jésuites, et le premier archevêque de Goa, montrent moins de zèle pour propager la sainte foi, que pour servir la congrégation à laquelle ils laissent de riches établissements.

Le père Magalhaes, Jésuite, fait des prodiges aux Moluques; en moins d'un an il baptise deux mille idolâtres, et s'étant fortifié avec eux dans les villes, il en expulse tous ceux qui ne veulent pas recevoir le baptême; dans les îles Célèbes il enseigne les saints mystères à deux mille idolâtres, et les baptise en huit jours.

Dans le même temps le père Cosme, Jésuite, pour sa plus grande commodité et celle

de ses pénitents, confesse au Japon trente per=
sonnes à la fois.

Au Brésil, les Jésuites Grana et Rodrigo exercent l'apostolat avec tant de succès, que le premier convertit et baptise en peu de jours treize cent onze Indiens, et le second plus adroit encore, cinq mille trois cent neuf.

A la même époque, Catherine, régente du Portugal pendant la minorité de D. Sé= bastien, ayant découvert que le père Torres, Jésuite, son confesseur, conspire contre elle, le chassa de son palais; mais peu s'en fallut que les Jésuites ne donnassent la régence au cardinal D Henri, en l'obligeant de partager le gouvernement avec Martin Gonzalves, frère du père Gonzalves, confesseur du jeune monarque, qui, transporté d'indignation, voulut expul= ser les Jésuites du royaume; mais ceux-ci triomphèrent, et le roi fut sacrifié en Afrique.

En 1563, les Jésuites ont l'effronterie de se présenter en Chine comme ambassadeurs de la cour de Portugal; mais bientôt ils sont reconnus comme imposteurs et on les chasse de cet em= pire, où leur ruse allait leur coûter la vie.

En 1564, le père Ribeira, Jésuite, est accusé

de crimes détestables qui révoltent la nature.

En 1565, dans Paris un cri général s'élève contre les Jésuites, dont on demande l'expulsion.

Dans la même année on demande leur renvoi de la Hongrie; on les chasse de Vienne; en Bavière ils sont accusés d'actions infâmes. Pour contraindre leurs novices à la continence, ils leur font l'opération à laquelle, dans un autre temps, Origène s'était condamné.

En Espagne, les Jésuites établissent des processions scandaleuses; une multitude des plus jolies femmes, moitié nues, sont disciplinées dans les rues et même dans les églises de la manière la plus indécente. Le concile de Salamanque voulut empêcher des pratiques aussi immorales, mais Araoz, père Jésuite, qui était très puissant à la cour de Philippe II, les protégea de tout son pouvoir.

En 1567, Édouard Thorn et Balthazar Zuger, tous deux Jésuites à Augsbourg, abjurent le catholicisme et se font luthériens.

Les Jésuites sont chassés en France de leur collége de Pamières, et obligés d'abandonner celui de Tournon à cause de leurs débauches.

En 1570, les Jésuites président à des horreurs et aux cruautés que Philippe II envoie commettre par le *Bourreau* et le duc *d'Albe* dans les Pays-Bas. Les malheureuses victimes livrées à leur fureur sont rompues, écartelées et brûlées à petit feu ; les femmes enceintes sont ouvertes, et les enfants arrachés de leurs entrailles, sont écrasés et ensuite donnés aux chiens ; les jeunes filles et les religieuses sont violées et enterrées vivantes....

Les Jésuites pour maintenir Philippe II dans son usurpation de la Navarre, veulent livrer à l'Inquisition la reine de ce royaume et ses enfants. La conjuration est découverte : Isabelle de France, reine d'Espagne, protége la souveraine de Navarre ; mais cette action noble et louable lui coûte la vie peu de temps après. Bien qu'elle fût enceinte, les traîtres l'empoisonnèrent.

En 1576, les Jésuites de France se vendent à la Ligue ; Pigenat et Mathieu sont les trompettes de la révolte ; Saunier parcourt l'Europe entière pour soulever toutes les puissances contre Henri III.

Henri III est assassiné par Jacques Clément ; les Jésuites glorifient le coupable.

Henri IV est reconnu roi. Les Jésuites entretiennent la rébellion pendant cinq ans contre ce souverain légitime.

En 1580, les Jésuites de Portugal soulèvent les Portugais en faveur de l'usurpation intentée par Philippe II.

Trois Jésuites sont pendus à Londres pour avoir conspiré contre la reine Élisabeth.

En 1582, les Jésuites sont les complices de l'attentat à la vie du prince d'Orange.

En 1584, ce prince est assassiné à l'instigation des Jésuites, qui avaient fait croire à l'assassin qu'il monterait au ciel dans les bras des anges, s'il accomplissait leurs désirs.

En 1586, le Père Ballard, Jésuite du collége de Reims, entre en Angleterre avec le dessein de faire assassiner la reine Élisabeth ; et s'adressant à Babigton, un des chefs des conjurés, il l'excite à commettre ce crime horrible en lui tenant ce discours : *Oter la vie à Élisabeth, c'est comme si vous l'ôtiez à un profane, à un païen, à un être maudit de Dieu; vous ne pécherez par conséquent ni contre Dieu, ni contre les hommes. Vous allez gagner une couronne immortelle, et si vous survivez à cette action, vous pouvez compter sur une récompense brillante.* Le premier octobre de la *même* année, quatorze conjurés sont pendus à Londres, et dans ce nombre se trouve compris le Père Ballard.

En 1593, le Père Citron paraît en Écosse à la tête d'une conspiration; il est cause de la condamnation de tous les catholiques.

Dans la même année, Jean Châtel attente à la vie d'Henri IV. Le jésuite Guinhard est le conseiller de cet attentat. La société entière des Jésuites est bannie de France avec défense d'y reparaître sous peine d'être punie comme coupable du crime de lèse-majesté.

En 1598, un malheureux séduit par les Jésuites, attente à la vie de Maurice d'Orange.

En 1603, les Jésuites sont admis de nouveau en France par ordre d'Henri IV, qui s'écrie: *Ventre-Saint-Gris, si je ne leur permets de rentrer, qui peut répondre de ma vie?*

En 1604, les Jésuites sont expulsés de la cathédrale de Milan, pour crime d'impureté.

En 1605, ils allument la guerre civile en Russie, en voulant faire passer un imposteur pour l'héritier du trône.

En 1606, Oldecorn et Garnet, tous deux Jésuites, sont pendus à Londres, convaincus d'avoir voulu attenter à la vie du roi et à celle de tous les membres du Parlement, en faisant éclater une mine de poudre qu'ils avaient placée sous la salle des séances.

En 1606, les Jésuites sont expulsés de Venise pour avoir voulu soulever le peuple de cet État en faveur du pape.

En 1610, Henri IV est assassiné. *Ravaillac*, son assassin, était un *dévot*, pénitent du Père d'Aubigny, Jésuite.

En 1611, les Jésuites sont chassés de l'Inde, à cause de leurs rapines.

En 1612, ils sont également chassés de la Chine pour avoir protégé le paganisme dans leur intérêt.

En 1614, les Jésuites font assassiner Richer, syndic de Sorbonne, pour avoir fait un ouvrage contre leur Société.

En 1615, les Jésuites se trouvent impliqués dans une conspiration contre Louis XIII.

A l'avénement de Louis XIV, ils cherchent à empoisonner ce prince, ainsi que le Dauphin. Le crime est découvert par un prêtre; les Jésuites sont reconnus coupables.

Ambroise de Gui, riche marchand de l'Inde, meurt peu de temps après son arrivée à Marseille. Les Jésuites s'emparent de sa fortune à l'aide de moyens frauduleux.

Le Père Girard, Jésuite, s'abandonne aux plus grands excès avec sa pénitente, Catherine de Cadiere, dont il abuse indignement. Il est accusé et mis en jugement ; mais il gagne une partie des juges, et on l'acquitte.

En Espagne, le Père Mena, Jésuite, persuade à une de ses pénitentes qu'elle doit vivre avec lui en union conjugale. La pénitente y consent, et le prêtre continue à dire la messe. L'Inquisition veut le punir, mais ses collègues le font passer pour mort, et pendant qu'on s'occupe de l'enterrement, il se sauve à Genève où il se fait juif.

Le Père Roiz, ayant séduit la femme d'un des régisseurs de la Congrégation, est tué par son mari qui les a surpris en flagrant délit. Les Jésuites font pendre le malheureux régisseur.

En 1616, les Jésuites sont chassés de la Bohême et de la Moravie comme perturbateurs de l'ordre public.

En 1641, les Jésuites provoquent les premières plaintes contre le jansénisme. Il s'en=

suit des exils, des empoisonnements et des troubles sans fin.

En 1643, on les chasse de Malte à cause de leurs nombreuses rapines et de leur dépravation.

En 1646, à Séville, les Jésuites font banqueroute !

En 1713, le Père Jouvency, Jésuite, honore du nom de martyrs, les assassins du roi.

En 1723, les Jésuites sont expulsés de la Savoie.

En 1740, les Jésuites de la Cochinchine sollicitent de leur prélat la permission de célébrer la cérémonie appelée *le Jurement du Diable et le sacrifice de Mâqui* [1]. Par ces actes d'idolâtrie, ils se flattaient d'obtenir de grands avantages, le prélat s'écria : *Comment donc, invoquer le Diable, jurer par lui, lui sacrifier ! Cela n'est point la société de Jésus ; c'est la société du Diable !*

En 1742, une relation faite par M. Fabre donne le détail de vexations, excès et hérésies, auxquels les Jésuites s'étaient livrés dans cet empire.

---

[1] C'est une idole que les Païens regardent comme l'esprit malin, ou le *Diable*.

En 1747, les Jésuites de La Rochelle sont déclarés fauteurs des plus horribles crimes!

En 1750, le directeur du séminaire de Carcassonne enseigne à ses disciples, *que l'on peut tuer un homme pour conserver son bien-être*. Il est dénoncé à l'archevêque de cette ville, qui veut connaître son opinion, et le motif pour lequel il propage une semblable doctrine. Le directeur confesse la vérité; mais il ne se rétracte pas, et est interdit par le zélé prélat.

En 1755, les Jésuites du Paraguay soulèvent les peuples contre leur souverain légitime, et se mettent à la tête des insurgés.

En 1757, pendant que Louis XV publie son édit de *Purification*, les Jésuites publient l'apologie des assassins des rois.

En 1758, D. Joseph, roi de Portugal, est attaqué et presque assassiné : les Jésuites sont convaincus d'avoir dirigé le crime, et le Père Malagrida est brûlé vif.

En 1759, la compagnie de Jésus est expulsée du Portugal, par un décret du roi D. Joseph, où l'on remarque le passage suivant : « Les Jé=
» suites sont des rebelles notoires, des traîtres,
» de vrais ennemis et agresseurs de ma

» royale personne..., de mes États, de la paix
» publique, de mes royaumes et seigneuries, et
» du bien commun de mes fidèles sujets. J'or=
» donne à ceux-ci (mes sujets) qu'ils aient tous
» à les tenir, regarder et réputer comme tels,
» et je les déclare dès à présent dénaturalisés,
» proscrits et exterminés : ordonnant que réel=
» lement et en effet, ils soient chassés de tous
» mes royaumes et seigneuries, de telle ma=
» nière qu'ils ne puissent jamais y rentrer....
» Je défends, sous peine de mort.... et de con=
» fiscation de tous leurs biens au profit de mon
» trésor et chambre royale, à tous et à chacun
» de mes sujets de donner entrée dans mes
» royaumes et seigneuries, ou à plusieurs, ou
» même à un seul des susdits religieux; d'avoir
» aucune correspondance soit verbale soit par
» écrit avec cette société, ou avec quelqu'un de
» ses membres, ou avec ceux-là mêmes qui se=
» raient sortis de la dite société, ou avec ceux
» également qui y sont entrés et y ont fait pro=
» fession dans tous autres pays que dans mes
» royaumes et seigneuries, etc., etc. »

Ce décret fit tomber le masque des hypo=
crites.

En 1761, les Jésuites sont expulsés de France ;

En 1767, d'Espagne ;

Id. des Deux-Siciles ;

En 1768, du duché de Parme.

En 1763, Clément XIV décrète l'abolition des Jésuites..... Huit mois après il est empoisonné.

Il est temps de tirer le rideau sur un tableau si épouvantable.... La nature frémit au souvenir de tant d'iniquités. Y aura-t-il encore des gens qui protégent l'introduction d'une aussi abominable caste dans les pays civilisés, et cela au dix-neuvième siècle?... Qu'attendre de ces pervers, sinon vengeances, assassinats, trahisons?... Quels avantages la Russie retira-t-elle d'avoir donné asyle aux Jésuites, lorsque toutes les nations les repoussaient ? N'est-il pas de notoriété publique que bientôt après ils recommencèrent leurs intrigues, et que leur impudence parvint à ce degré que la clameur publique étant devenue générale, et les représentations contre les Jésuites se renouvelant sans cesse, Alexandre se vit obligé, en 1818, de les chasser de son empire ?

On a vu comment cette société fut établie, quel accroissement prodigieux elle prit en peu de temps; on a vu aussi dans l'esquisse chronologique que je viens de tracer, quels furent les principaux exploits des Jésuites, auxquels n'échappèrent ni pontifes, ni rois, ni princes, ni princesses, ni archevêques, ni tant et tant d'autres personnes de la plus haute distinction. On a pu se convaincre qu'il n'allèrent jamais dans un lieu quelconque sans y causer des révoltes, tramer des conspirations, fomenter la guerre civile, occasioner des massacres, commettre des vols et des meurtres; on a dû remarquer enfin qu'ils furent chassés de tous les États comme des rebelles, des traîtres, des assassins et des perturbateurs du repos public [1]; reste maintenant à prouver qu'ils sont une des principales causes qui ont amené la décadence du Portugal.

Il est bien reconnu, ainsi qu'on l'a déjà démontré, que le Portugal a eu quelques règnes magnifiques, et que si dans le nombre il fallait choisir les meilleurs, nous devrions donner

---

[1] Voyez le décret du roi D. Joseph.

la préférence aux règnes du roi D. Jean II, qui mérita l'honorable épithète de *Prince Parfait*, et à celui du roi D. Manuel, dont nous avons déjà parlé.

Ces deux souverains étaient protecteurs déclarés des hommes instruits; en sorte que la littérature portugaise, pendant ces époques fortunées, était dans son plus beau lustre.

Jean III monte sur le trône; les Jésuites sont admis; la persécution des hommes de lettres commence; la nation en peu de temps se voit abattue, l'esprit national s'affaiblit, l'industrie est perdue, le commerce anéanti; ce sont des guerres continuelles, des intrigues, et, pour comble de malheur, le Portugal est livré à un joug étranger!... Et qui peut douter que tous ces maux ne fussent la conséquence immédiate de la perversité jésuitique?

On objectera qu'avant cette terrible catastrophe, il y eut encore en Portugal deux règnes très malheureux, qui furent celui du roi D. Sébastien et celui du cardinal roi. J'en conviens; mais ne sait-on pas que ces deux monarques furent sacrifiés par les Jésuites? Il est démontré que le premier perdit la vie et le royaume en suivant leurs perfides conseils, et le second fut tellement endoctriné par eux, qu'il autorisa toutes leurs iniquités, et crut faire un acte de justice en ôtant la couronne du successeur légitime pour la donner à un étranger; ce qui était et est encore expressément défendu par les lois portugaises.

Voici comment s'exprime à ce sujet un auteur français :

« Le cardinal Henri, oncle de ce monarque (le
» roi D. Sébastien), monte sur le trône, âgé de
» soixante-sept ans; les Jésuites recouvrent tel=
» lement leur autorité sous son règne, qu'ils
» le déterminent à céder le royaume de Por=
» tugal au roi d'Espagne. On assure, dit M. de
» Thou, qu'il n'y eut que le Jésuite Léon Hen=
» riquès, confesseur d'Henri, qui rendit ce
» service à Philippe II. Ce Jésuite frappa l'es=
» prit de ce vieillard superstitieux et timide,
» et le détacha peu à peu des intérêts du duc
» de Bragance, à qui la couronne appartenait
» légitimement, en lui répétant souvent qu'il
» allait s'ouvrir le royaume des cieux si, pour
» la gloire de l'église romaine, il déclarait
» Philippe son successeur, etc. »

Or, si la propagation des sciences et des arts dans un État, est la base fondamentale de sa prospérité; s'il est prouvé de la manière la plus complète que, indépendamment des iniquités infinies dont les Jésuites se sont rendus coupables sur tout le territoire Portugais, le plus grand de tous les maux qu'ils nous causèrent, est d'avoir détruit notre littérature, avant eux florissante; s'ils furent toujours ennemis jurés des arts; si, vendus à l'Espagne, ils plongèrent la nation dans un long asservissement, et s'il est constant que l'on n'a pu remédier encore à tous les malheurs que leur conduite a attirés sur nous, il est évident que c'est à l'ambition insatiable des Jésuites que l'on doit, en grande partie les calamités sous lesquelles gémit aujourd'hui la trop malheureuse nation portugaise.

TROISIÈME CAUSE,

LES CORTÈS DE 1821.

Depuis que le Portugal fut érigé en royaume, les Cortès furent convoquées à diverses reprises, à l'occasion d'objets différents ; mais elles ne le furent jamais dans une circonstance plus grave et qui exigeât plus leur concours qu'en 1821 ; voilà pourquoi elles s'assemblèrent sans le con=
sentement du roi, qui, se trouvant alors à deux mille lieues de distance, ne pouvait remédier ni aux maux présents ni à ceux dont le Portugal était menacé. Dans cet état de choses, il fallait promptement secourir la nation, ou bien l'a=

bandonner à une domination étrangère. Tant d'avilissement ne pouvant entrer dans des cœurs portugais, quelques hommes d'honneur se réunirent, proclamèrent la Constitution dans la ville de Porto, et établirent un gouvernement provisoire au nom de leur souverain légitime. Au cri de Constitution et de liberté, tous les Portugais sortirent de la profonde léthargie où ils étaient plongés, et s'affranchirent de l'esclavage en brisant leurs chaînes. Unis par le patriotisme, ils n'eurent plus qu'un même désir. On vit bientôt à Lisbonne une nouvelle Régence, composée de citoyens distingués, commencer un gouvernement exemplaire. On vit plus ; on vit, après son entrée dans cette ville, l'armée régénératrice, ainsi que la Junte qui venait d'être installée à Porto, se soumettre à la nouvelle régence, sans manifester d'autre désir que le bien de l'État. Ce noble procédé des premiers régénérateurs est aussi rare que louable ; car le cœur humain n'est pas ordinairement aussi désintéressé.

Le peuple portugais, à cette époque, s'était saisi de ce suprême pouvoir, que le peuple romain avait exercé tant de fois : il demanda les

Cortès; et comme la situation de l'État exigeait qu'elles s'assemblassent, elles furent convoquées immédiatement; et, bien que ce fût là un acte légitime, parce qu'on ne peut s'opposer à la volonté générale d'une nation, quand cette volonté est manifestement déclarée, il n'en donna pas moins l'occasion de former des conjectures sur les destinées futures du Portugal.

Mais quelle n'est pas la puissance d'un gouvernement vigoureux, actif et plein d'énergie! La paix, l'union et la tranquillité furent strictement maintenues: la régence se montra impartiale et juste, et au moment où les Portugais l'espéraient le moins, ils apprirent que leur monarque avait approuvé les nouvelles institutions, et que le cri de liberté et de Constitution se communiquant comme un feu électrique, on avait proclamé le nouveau système dans toutes les possessions lusitaniennes. Alors les esprits abattus respirèrent, et les Portugais se rallièrent pour aider le gouvernement et les Cortès dans leurs travaux.

Le patriotisme qui, à cette époque mémorable, se manifesta dans toutes les classes de la société, est inexplicable. Chacun cherchait le moyen de se rendre utile à la patrie, et tous en général avaient une si grande confiance dans l'Assemblée nationale, qu'ils espéraient voir en peu de temps, se fermer les plaies de la nation portugaise.

Malheureusement il n'en fut point ainsi ; ces mêmes Cortès si vantées et si estimées, pour la fermeté qu'elles montrèrent jusqu'au moment où le roi arriva du Brésil, devinrent l'instrument principal de tous les désordres et disgrâces qui se sont succédé depuis cette époque; c'est là ce que je démontrerai de la manière la plus évidente.

L'œuvre principale qui sortit des mains des députés réunis en Cortès, fut la Constitution de 1822.

Le plus grand défaut que je trouvai d'abord à cette Constitution, ce fut qu'elle était presque une copie de la Constitution espagnole; non pas que celle-ci fût absolument mauvaise, mais parce qu'il y avait de meilleurs modèles à suivre, et que d'ailleurs l'on aurait pu trouver en Portugal des hommes très capables de préparer un pacte social ou une loi fondamentale plus simple et mieux appropriée aux usages et aux mœurs des Portugais, sans qu'il fût besoin d'avoir la moindre obligation à la nation espagnole, ni par conséquent de se mettre en frais pour solder des députés chargés d'apurer ladite copie.

Il me semble déjà entendre crier contre moi plusieurs constitutionnels que je connais. Eh bien! ils n'ont pas raison ; car il faut que la vérité se dise, et si quelqu'un a lieu de s'en plaindre, qu'il supporte son mal avec patience; parce que nous aussi, nous avons assez souffert, et cela peut-être par leur faute.

La Constitution de 1822 est vicieuse; cela ne veut pas dire que le congrès qui la décréta, fut composé d'hommes ignorants ; je pense même le contraire, et je répète ce que j'ai déjà dit plusieurs fois, car je n'ai jamais eu l'intention d'offenser ni de diffamer personne, que le caractère noble et distingué des honorables députés, qui défendirent avec autant d'éloquence que d'énergie à la chambre des Cortès, les droits nationaux, est au-dessus de tout éloge; leurs noms sont gravés à jamais dans le cœur des braves Portugais ; mais de ce qu'on leur doit de la gratitude, il ne s'ensuit pas que nous devions cacher la vérité.

Dans le congrès, il y avait certainement des lumières et de bonnes intentions ; mais il y avait chez la plupart des membres une grande inexpérience des affaires publiques ; et entre eux, il en était peu qui ne fussent ou égoïstes, ou faibles, ou extravagants ; c'est ce qui empêcha les bons députés, qui étaient en minorité, de réaliser leurs intentions magnanimes, et la Constitution, quoique défectueuse, fut adoptée. Dès qu'elle fut promulguée, elle parut horriblement longue. Elle ne comprenait pas moins de deux cent quarante articles, dont quelques-uns si confus, qu'ils prêtaient à mille interprétations différentes ; tandis que tout législateur doit savoir que la beauté et l'utilité d'une loi fondamentale consistent à ce qu'elle soit claire, simple et concise : sans ces conditions, aucune loi ne peut être durable.

Le décalogue de Solon et les lois commerciales de Rhodes ont été vénérés durant des siècles, tandis que les volumineux et compliqués codes Grégorien, Théodosien, Gothique et autres, n'eurent qu'une existence des plus éphémères.

On pouvait encore reprocher à la Constitution de 1822, de renfermer un grand nombre de définitions ; une loi fondamentale n'est pas une explication ou une description minutieuse ; c'est la formule d'une détermination générale et une sanction ; et une formule diffère essentiellement des définitions qui sont du ressort de la logique et des vocabulaires.

Un autre défaut de la Constitution était de renfermer des articles sur l'organisation du conseil d'État, sur la formation des Chambres et le mode des élections ; ces détails étaient plutôt l'objet de lois réglementaires que d'une loi fondamentale.

Un tort non moins grave de la même Constitution, c'était de priver le roi du *veto*, prérogative dont tous ses prédécesseurs avaient joui.

Dans une monarchie originairement constitutionnelle, et où les peuples firent toujours les lois de concert avec le souverain[1], on ne pou=

---

[1] Dans les Cortès de Lamego, premier modèle de toutes celles que l'on a convoquées depuis, le chancelier Alberto disait aux représentants du peuple : « Le seigneur D. Alphonse que vous » avez proclamé roi par la voix des soldats sur le champ d'Ou- » rique, vous rassemble en ce lieu pour que vous disiez si vous » êtes contents qu'il soit roi....... » Et le roi, tenant son épée à la main, leur dit : « Vous m'avez nommé votre roi et votre com-

vait pas décréter l'abolition de cette règle sans blesser l'usage de plusieurs siècles, et le droit légal que les Portugais tiennent de la constitution de leur monarchie; car si en Portugal on a fait beaucoup d'*absolutisme*, principalement depuis le roi D. Manuel, il ne s'ensuit pas que le gouvernement y soit absolu : les faits ne légitiment jamais l'usurpation. Cependant, si alors comme aujourd'hui, il y avait des Portugais *obstinés* qui ne voulurent pas admettre l'authenticité des Cortès de Lamégo, je ne m'étonne pas qu'ils regardassent comme nul un droit qu'ils croyaient être uniquement émané de la pratique ou de l'abus, mais il fallait n'avoir aucune connaissance de l'histoire de Portugal pour juger aussi inconsidérément.

» pagnon; puisque vous m'avez choisi pour votre roi, voulez-
» vous que nous établissions des lois avec lesquelles notre pays
» se gouverne en paix? » Ils dirent tous : « Nous voulons que
» vous soyez roi, et il nous convient de former des lois aux-
» quelles vous donnerez votre sanction. »

D. Francisco Xavier de Mello, dans son *Epanaphora*, pag. 10, dit : « Ce furent les peuples qui, conjointement avec les rois,
» promulguèrent les lois, dès que le Portugal fut constitué en
» royaume, et les impôts étaient particulièrement réglés par les
» peuples. »

Ignore-t-on, que le premier soin de Philippe II, quand il usurpa le royaume de Portugal, fut d'enlever le livre où était inséré le *droit de succession avec les Cortès de Lamégo*, c'est-à-dire, la loi fondamentale de la monarchie? Ce vol scandaleux est rapporté par le P. Antoine Vieira, dans son traité de l'*Art de voler*, p. 98.

Douterait-on encore que cette loi ait existé? Si elle n'a jamais existé, pourquoi tant d'Espagnols se sont-ils acharnés à vouloir démontrer sa non-existence? D'un autre côté, pourquoi quelques auteurs, tels que Brandaô, l'abbé Vertot et autres, eurent-ils la hardiesse de la transcrire dans leurs ouvrages? Pourquoi fut-elle reconnue et observée en 1640, par D. Jean IV, et en 1697 et 1698 déclarée bonne et valable par les Cortès de Lisbonne? Pourquoi, si elle était fausse et apocryphe, ainsi que le prétendent plusieurs personnes, fut-elle réimprimée à Lisbonne en 1824, bien qu'au dire d'un auteur portugais [1], les académiciens l'eussent passablement défigurée.

---

[1] Ce livre s'appelait : Livre de *Porco Espim* : on le gardait soigneusement dans la chambre municipale de Lisbonne, etc.

Son existence étant donc manifeste, et durant plusieurs siècles, les rois et les peuples en Portugal s'étant soumis à son autorité pour faire ensemble les lois, il est évident que la Constitution de 1822, en refusant au roi le *veto*, ne pouvait convenir qu'à ces Portugais, qui supposaient qu'on ne peut faire une *Constitution libérale*, sans dépouiller le roi de toutes ses prérogatives. Agir de la sorte n'était-ce pas commettre un acte arbitraire, et n'était-il pas à craindre qu'il n'en résultât les plus funestes conséquences, comme elles en résultèrent en effet?

Une exclusion très fâcheuse, celle de la classe des nobles, était prononcée par la Constitution de 1822. Cette exclusion qui montrait la partialité, était aussi un défaut; car si, d'après la Constitution, le Portugal devait rester monarchie, comme il avait toujours été depuis l'acclamation d'Alphonse Henriquès, il fallait considérer quelle est l'essence d'une monarchie. —Une monarchie, suivant ce que j'entends, est un état dans lequel il y a un corps de citoyens, un corps de hiérarchie, et un souverain : si l'une de ces trois choses vient à manquer, l'État change nécessairement de nature.

La hiérarchie se constitue des distinctions qu'établissent entre les citoyens ou le mérite, ou la naissance; les membres de la hiérarchie s'appellent *fidalgos* en portugais; ce qui veut dire *nobles* ou grands seigneurs d'un État.

La noblesse en Portugal, est très distinctement marquée; elle se divise en ancienne et nouvelle; je ne parlerai pas de la nouvelle *parce que c'est une affaire très délicate* : quant à l'ancienne, elle dérive des honneurs que le roi D. Alphonse Henriquès, concéda avec justice aux illustres Portugais qui s'étaient distingués à la bataille mémorable du Champ-d'Ourique; ceux-ci obtinrent des privilèges qui n'appartinrent qu'à eux seuls[1]. Plusieurs autres faits par lesquels de vaillants Portugais s'étaient immortalisés en Asie, en Afrique, en Amérique et en Europe, obligèrent les anciens monarques à leur donner des récompenses, non-seulement pour reconnaître leurs brillants services, mais aussi pour stimuler les autres citoyens. Il est donc évident que la nation portugaise doit des prérogatives à la noblesse, car ces prérogatives

---

[1] Brandaô l'affirme ainsi.

sont le complément et la continuation des ré=
compenses qu'elle a accordées pour des services
rendus.

Quand je parle de récompenses et de distinctions, il va sans dire qu'il s'agit seulement de celles qui sont méritées : celles-là, je ne les confonds point avec les fruits de l'usurpation, de l'intrigue, de la bassesse, de la violence ou des excès, de quelque genre qu'ils soient ; mais il eût fallu accorder à chacun ce qui lui appartient, et ne pas repousser les nobles, sous le prétexte que tous ne sont pas également recommandables. Les actions vicieuses et déshonorantes flétrissent seulement celui qui les commet, et non une classe qui n'y a pris aucune part. Si un noble se comporte mal, la classe entière devient-elle responsable de sa conduite ? non sans doute ; si, depuis l'origine de la monarchie, cette classe devint de plus en plus illustre, si elle occupa toujours un rang distingué dans les Cortès [1], pourquoi la dépouillerait-on d'un droit que l'on accorde aux simples citoyens ?

---

[1] Le joug de Philippe fut secoué par la délibération de quarante nobles portugais.

Les législateurs de 1822, voulant attaquer l'autorité royale, lui donnèrent encore plus de force en excluant du congrès la classe des nobles qui se montra, dans tous les temps, la plus indépendante et la plus terrible ennemie de l'absolutisme, ainsi que l'histoire de Portugal le prouve évidemment. Que l'on lise à ce sujet, dans la chronique de Duarte Nunes, le récit de ce qui se passa en certaines occasions, entre le roi D. Alphonse et ses conseillers.

Ce célèbre *se naô* (sinon), avec lequel lesdits conseillers affrontèrent le roi, ou pour mieux dire blâmèrent son insouciance, ne devrait jamais s'oublier. Qui prononça ce *se naô ?* ce fut un noble ; et qui en donna la définition au monarque offensé ? les nobles !!!..

Enfin, je dirai comme le grand *Souza* de Macédo [1] : « Les grands, lorsqu'ils sont estima=
» bles, deviennent véritablement le lustre de la
» république, comme possesseurs légitimes des

---

[1] Aux Cortès de Lamégo, l'assemblée nationale devait se composer du clergé, de la noblesse et du peuple. Puisque ces Cortès ont servi plus de cent fois de modèle en Portugal, il est évident que la classe des nobles, qui, dans les anciennes Cortès, avait toujours été admise, n'aurait pas dû être exclue en 1822.

» charges les plus élevées dont leurs ancêtres
» furent revêtus en récompense de leurs servi=
» ces ; et je déteste cet abus de vouloir trouver
» dans ce petit nombre des hommes parfaits,
» capables de tout faire sans jamais se tromper,
» comme s'il était possible de trouver quelqu'un
» d'infaillible. »

Je suis donc convaincu que si les auteurs de la constitution de 1822 eussent été bien in= struits de quel avantage a été pour la France et pour l'Angleterre, l'admission des nobles de ces deux pays dans leurs assemblées législatives, ils n'auraient point fermé la porte des Cortès à la classe qui pouvait leur être la plus utile.

Une des grandes imperfections de la Con= stitution, résultait du mode des élections, qui étaient directes ; car on n'ignore pas que la mul= titude confuse est toujours incertaine dans ses décisions, qu'elle est facile à suborner et à se laisser abuser par l'hypocrisie.

La Constitution ne péchait pas moins en don= nant aux Cortès le droit de désigner au roi les individus qu'il devait appeler à son conseil d'État : obliger quelqu'un à prendre un con= seiller du choix de celui dont il faut qu'il suive

les conseils, c'est réduire le malheureux à l'es=
clavage, et le priver de toute sa liberté.

    Un défaut qu'il faut ajouter à tant d'autres est l'insertion des articles relatifs à la perception des impôts, insertion qui appartient plutôt à un réglement des finances, qu'à une loi fondamen= tale de l'état.

    Enfin un défaut capital de la Constitution, c'était de contenir, relativement à l'adminis= tration judiciaire, un nombre considérable d'articles dont la majeure partie étaient imprati= cables, parce qu'ils se trouvaient en opposition directe avec les lois du royaume et les codes existants.

    Dans un état, l'administration judiciaire doit être, de la part du législateur, l'objet de la plus sérieuse et de la plus scrupuleuse attention. Elle dépend entièrement de l'organisation des codes; ceux-ci sont d'un travail difficile : pour être bien commentés, ils exigent du temps, et une méditation réfléchie unie à un profond savoir; il est donc évident que, dans une Constitution, on ne devait ni ne pouvait traiter ce sujet, et qu'il fallait se borner à établir les bases sur lesquelles devaient se fonder ces mêmes codes.

Outre les vices que l'on vient de signaler, cette Constitution en contenait beaucoup d'autres ; mais en voilà suffisamment pour prouver qu'elle ne pouvait pas subsister.

Ces défauts ne furent pas cependant la principale cause de nos malheurs, mais bien, comme je vais le démontrer, l'abus que les Cortès ou leur députés firent du pouvoir que les citoyens leur avaient conféré.

A peine le roi D. Jean VI, de retour du Brésil, venait-il d'arriver à Lisbonne, que l'attitude du congrès changea entièrement ; plusieurs députés oubliant le caractère honorable dont ils étaient revêtus, se rangèrent volontairement dans la classe servile des flatteurs et des adulateurs ; d'autres ne s'occupèrent plus que de leurs intérêts personnels; quelques-uns formèrent une espèce d'association scandaleuse, qui prétendait entraîner le congrès à son opinion générale, et la majeure partie se déclara ouvertement contre les députés brésiliens

Tous les jours on entendait proclamer le maintien des droits du peuple, l'égalité devant la loi, la sûreté individuelle, la liberté des citoyens et le bonheur des Portugais dans les deux hémisphères; mais malheureusement il n'exista ni protection, ni égalité, ni sûreté, ni liberté.

La Constitution n'était vraiment qu'une chimère, du moment où les députés étaient les premiers à la violer. La Constitution déterminait que personne ne pouvait avoir plus d'un emploi, et il y avait des députés qui en occupaient deux ou trois. La constitution déterminait que l'on n'emploierait que les personnes d'une probité reconnue, et après qu'elles auraient subi un examen. On a vu donner des places uniquement aux protégés des législateurs; le mérite, la vertu et les connaissances ne servaient de rien. Plusieurs citoyens honorables furent admis aux concours publics, mais dans quel but? les nominations étaient déjà faites; et l'on savait d'avance que les protégés seuls seraient les préférés?

N'était-ce pas un abus des plus scandaleux que de voir le congrès oubliant qu'il avait établi une division des pouvoirs, cumuler dans ses mains le pouvoir exécutif et le pouvoir judiciaire? N'était-ce pas une violation atroce que d'expulser de leurs charges et emplois des citoyens recommandables, et de réduire ainsi leurs familles à la mendicité, pour n'employer que les protégés? N'était-ce pas un crime que de ne pas conserver à chacun ce qui lui appartient, que de poursuivre pour opinion des citoyens paisibles, que de les plonger dans d'horribles cachots sans écouter leurs plaintes, sans leur rendre justice; que d'exciter à la guerre civile; que d'occasioner la perte du Brésil, et de nous ravir jusqu'à la liberté de penser. Quant à ce déplorable résultat, si quelqu'un osait le nier, qu'il se montre et dise si le congrès ne décida pas le sort du Brésil avant même que tous les députés de ce pays fussent réunis aux cortès; si ce ne fut pas malgré l'opposition de ceux d'entre ces députés qui se trouvaient à Lisbonne, qu'il dirigea la force armée contre la patrie de nos frères d'outremer; si les opposants ne furent pas outragés et insultés dans le congrès même pour avoir voulu maintenir et défendre courageusement les droits et l'intégrité de leurs commettants; si ce ne fut pas le congrès qui décréta inconsidérément le retour de D. Pédro en Portugal, pour le faire voyager comme un pupille docile à la volonté de ses tuteurs; qu'il dise enfin si ce décret, ainsi que celui qui abolissait les tribunaux de Rio-Janéiro, [1] ne furent pas la source du mécontentement des Brésiliens.

A qui imputer la perte des deux armées et de deux escadres, à Bahia et à Monte-Vidéo, de deux divisions à Rio-Janéiro? n'était-ce pas par la faute des Cortès qu'elles furent sacrifiées? Quelle était notre représentation nationale en 1823? quel était l'état de nos finances, de notre commerce, de notre marine militaire et marchande, de notre armée, de nos fabriques et de notre agriculture? Nos droits, notre jurisprudence et nos priviléges étaient-ils respectés? Qu'était devenue la justice, sans cesse entourée d'espions? Quel citoyen pouvait être tranquille dans son domicile? Accablés par le despotisme et par l'arbitraire le plus inique, nous était-il permis de nous plaindre et de faire entendre la vérité? que nous eût servi de nous placer sous l'égide de la loi, quand cette même loi était incessamment violée par ses auteurs? Quelle foi pouvions-nous avoir en des législateurs qui

---

[1] Voyez à la suite de cet ouvrage le document n° 1.

manquaient à toutes leurs promesses, si, après avoir pris l'engagement de maintenir la paix, l'union, la tranquillité, de protéger les arts, les sciences, le commerce, ils ne s'occupaient que de leurs intérêts particuliers; si les conséquences de cet égoïsme n'étaient que misère et anarchie, comment espérer que la constitution survivrait aux atteintes qu'elle recevait? Quand l'on n'admettait dans les tribunaux que des hommes ineptes, ignorants, dépravés, que de lâches délateurs, était-il possible qu'un pareil système fût de quelque durée?

Les députés, au lieu d'élaborer la rédaction des codes et des lois réglementaires, perdant le temps en disputes de cérémonial et en discussions oiseuses, réduisirent la nation dans un état pire que celui où elle se trouvait quand ils avaient accepté la mission de la réformer. Tandis qu'ils auraient dû améliorer la législation, afin d'accroître la prospérité nationale; qu'il eût été de leur devoir de ramener la concorde entre les citoyens, de concilier les partis, d'apaiser toutes les irritations, ils ne firent que restreindre les droits du souverain, en trompant le peuple, et nous précipitèrent dans une guerre civile des plus terribles. Tels ont été, en définitive, les suites funestes du système constitutionnel, proclamé en 1820 dans la ville de Porto.

Sans doute tant de franchise va déplaire, mais quoi qu'il en advienne, je suis bien résolu à ne pas m'émouvoir; que l'on m'accuse d'être anti-constitutionnel, je ne persisterai pas moins à dire la vérité: aucune considération, aucune crainte, aucune espérance ne m'empêcheront de la faire connaître. Que je sois ou non constitutionnel, c'est ce que je prouverai plus tard, s'il en est besoin ; en attendant, qu'il me soit permis de répondre à ceux qui me blâmeraient, que peut-être ils n'ont pas rendu autant de services que moi à cette cause sacrée, pour laquelle j'ai tant de fois exposé ma propre vie.

Prétendre que les Cortès de 1821 ont attiré sur la patrie des maux incalculables, ce n'est pas faire la censure du régime constitutionnel; signaler les vices de la Constitution de 1822, ce n'est pas se déclarer ennemi du gouvernement représentatif; à cet égard il est essentiel de s'entendre. Déplorer les malheurs qui nous ont accablés coup sur coup depuis qu'en 1820 les principes constitu=

tionnels furent proclamés dans Porto, ce n'est pas attaquer ces principes, ils étaient bons. Ce qui ne valut rien, ce fut le mode de les appliquer. Plût à Dieu qu'on eût su les défendre courageusement ! Nous ne serions pas dispersés comme nous le sommes ; nous ne serions pas opprimés, n'ayant plus aujourd'hui qu'une faible lueur d'espérance de redevenir ce que nous étions !

Sans m'appesantir davantage sur les malheurs que nous venons de déplorer, nous dirons seulement qu'il n'y en eut pas de plus grands que la perte du Brésil et les déchirements intérieurs auxquels notre patrie est en proie..... Et puisqu'aujourd'hui ces malheurs ne font que s'aggraver de plus en plus, n'est-on pas fondé à regarder les Cortès de 1821, comme une des causes principales de notre décadence actuelle ?

QUATRIÈME CAUSE,

LES CORTÈS DE 1826.

Ces Cortès furent convoquées à Lisbonne, suivant que le déterminait la Charte constitutionnelle de la monarchie portugaise, que S. M. D. Pedro IV octroya à ses fidèles sujets, le 26 avril 1826.

Lorsque cette Charte constitutionnelle arriva à Lisbonne, il y avait en Portugal un gouvernement que les Portugais avaient reconnu, dès le principe, sans la moindre hésitation ; ce gouvernement, créé par un décret royal, en date du 6 mars 1826, devait régir les royaumes de

Portugal et des Algarves avec leurs dépendances, à moins que l'héritier légitime du trône ne prît à ce sujet de nouvelles dispositions : il était composé de l'infante D. Isabelle Marie, assistée des conseillers d'État, cardinal patriarche, duc de Cadaval, marquis de Vallada, comte dos Arcos, et de six ministres secrétaires d'État, ayant tous le droit de voter. Toutefois, comme dès l'origine ce gouvernement ne prit point une attitude convenable, il donna matière à douter de sa légalité, et contribua au développement des partis. Plusieurs personnes disaient que le décret du 6 mars était apocryphe, machiavélique et absurde! Apocryphe parce que, suivant l'opinion de beaucoup de gens, le roi était décédé dans la journée du 5 ; machiavélique, parce qu'il ne désignait pas l'héritier de la couronne; et absurde parce qu'il était contradictoire; car si la volonté du roi était que son auguste fille gouvernât après sa mort, et qu'il ait dit dans le décret : « J'ai pour agréable que l'infante D. Isabelle » Marie, ma très chère et bien-aimée fille, soit » chargée du susdit gouvernement [1] » ; il est

---

[1] Document 2º.

bien évident que ses royales intentions n'é=
taient pas de réduire cette princesse à la classe
de simple présidente d'une régence, fonction
qui devenait incompatible avec son rang.

On m'objectera que tous les souverains ont
des conseillers et des ministres d'État. J'en
conviens; mais ces conseillers et ces ministres
ne forment pas un corps collectif; les premiers
donnent des conseils au prince, mais ils ne
décident pas de l'exécution; et l'office des se=
conds, bien qu'ils soient parfois consultés,
n'est pas de donner des conseils à la couronne,
mais de faire exécuter les ordres du souverain.

A ces premières rumeurs qui s'élevèrent en
succédèrent de plus graves, qui augmentèrent
encore lorsque le ministre de l'intérieur [1] dé=
clara, dans une circulaire, que le gouver=
nement ordonnait de rendre obéissance au
S. D. Pedro d'Alcantara, en sa qualité de roi de
Portugal, et de reprendre l'écu des anciennes

---

[1] Ce ministre était *le désintéressé* Dezembargador, Joze Joaquim Pereira de Lacerda.

armes portugaises ; ce qui était contrevenir à la loi du 16 décembre 1815, par laquelle D. Juan VI décrétait les armoiries dont l'usage était désormais prohibé.

Les ennemis de la légitimité ne tardèrent pas à crier contre le gouvernement, alléguant que D. Pedro, en sa qualité de prince étranger, ne pourrait pas être roi de Portugal.

Les amis de D. Pedro se réjouirent il est vrai, et j'étais au nombre de ces derniers ; mais ils ne se sentirent pas moins indisposés contre le ministre qui avait l'audace de vouloir changer l'écu des armes portugaises au moyen d'une simple circulaire de sa main, tandis que ces armes nous avaient été concédées par une loi, et que par conséquent elles ne pouvaient être changées qu'en vertu d'une autre loi.

Bientôt on vit paraître des proclamations dans tout le royaume, des placards satiriques, des papiers incendiaires; on parlait ouvertement contre le gouvernement; cependant le gouvernement, comme s'il eût été insensible à tout, ne s'occupa aucunement de rétablir l'ordre. Les maux qui étaient résultés de la constitution de

1822 étaient très grands¹ mais ils empirèrent encore dès que le roi reprit, en 1823, le pouvoir absolu, et comme le germe de la révolution existait, il était impossible qu'il ne se manifes= tât pas dans cette crise délicate, surtout lors= qu'il fut question du droit de légitimité.

Pour empêcher de si grands maux, et arrêter les progrès de l'anarchie², il n'y avait qu'un seul moyen, c'était la prompte convocation

---

¹ Voici comment le roi s'exprima dans sa proclamation du 1 mars 1823 :

« L'expérience, cette savante maîtresse des peuples et des
» gouvernements, a démontré d'une manière bien douloureuse
» pour moi, et bien funeste à la nation, que les institutions
» existantes sont incompatibles avec la volonté du peuple, les
» usages et la manière de voir de la plus grande partie de la
» monarchie; les faits de cette évidence font la force de ces
» assertions : le Brésil, *cette intéressante partie de la monarchie*,
» est déchiré. Dans le royaume, la guerre civile a fait couler le
» sang des Portugais de la main d'autres Portugais; la guerre
» étrangère est imminente, et l'État flotte ainsi menacé d'une
» ruine totale, si les mesures les plus promptes et les plus
» efficaces ne sont vivement adoptées. »

² L'état anarchique du Portugal était arrivé à un tel point, que personne ne voulait être ministre d'État. Pendant dix jours consécutifs les affaires restèrent interrompues, parce que les mi- nistres que l'on avait nommés ne voulurent pas accepter le porte- feuille.

des Cortès. On connaissait généralement l'ur=
gence d'employer un remède aussi efficace; mais
comme le gouvernement n'était pas de cette
opinion, on n'osait point lui manifester légale=
ment ses désirs.

Il y eut cependant un Portugais résolu [1] qui,
animé d'un véritable amour patriotique, et pro=
fitant du droit de pétition que les lois portu=
gaises lui accordaient, se hasarda d'adresser une
représentation au gouvernement par l'entremise
du corps diplomatique, avec une relation cir=
constanciée de la malheureuse situation à laquelle
le Portugal se trouvait réduit, afin que le gouvernement, prenant en considération une aussi
juste demande, daignât adopter les mesures que
les circonstances exigeaient. La récompense
que ce citoyen obtint pour son patriotisme,
ce fut d'être violemment arraché des bras de sa
famille, et traîné dans un horrible cachot ; ce
fut d'être flagellé pendant cent huit jours !......
enchaîné comme un traître !..... et si on ne lui
ôta pas la vie, c'est parce que la Charte constitu=
tionnelle arriva avant que ses bourreaux eussent

---

[1] Ce fut l'auteur de cet ouvrage.

consommé leur crime; car la volonté ne leur manquait pas [1] !

Dès que la Charte constitutionnelle que S. M. D. Pedro IV avait daigné décréter pour le bonheur de tous les Portugais, fut apportée à Lisbonne, tous ceux qui désiraient la gloire de leur patrie commencèrent à respirer ; mais comme la perfidie et l'esprit révolutionnaire préméditaient de conduire la nation dans une ruine totale, on s'opposa à sa publication; en sorte que pendant quelque temps elle resta comme ensevelie dans les mains des ministres [2]; cependant S. M. avait déclaré formellement que son intention était qu'elle fût reconnue et promulguée immédiatement après son arrivée [3].

---

[1] Toutes les iniquités dont l'auteur de cet ouvrage a été victime seront bientôt publiées par lui-même.

[2] La Charte arriva à Lisbonne dans le mois de juin 1826, et elle ne fut jurée que le 31 du mois suivant.

[3] D. Pedro IV, dès le début de la Charte, s'exprimait de la manière suivante :

« D. Pedro, par la grâce de Dieu, roi de Portugal, des Al-
» garves, etc., etc. Je fais savoir à tous mes sujets portugais,
» qu'il me plaît décréter, donner et faire reconnaître *immédiate-*
» *ment* par les trois ordres de l'État, la Charte constitutionnelle
» ci-dessous transcrite, etc., etc. »

A peine la Charte fut-elle reconnue, que l'opposition commença à se déclarer ; la rébellion alors leva la tête, soudain les traîtres se rallièrent sous son horrible et sanguinaire étendard ; les uns assassinaient leurs paisibles concitoyens; d'autres allaient en Espagne, persuadés qu'ils trouveraient là tous les moyens nécessaires pour accomplir le projet infâme de leurs iniquités...., et leurs désirs furent satisfaits.

Au milieu de tant de perturbations, les bons Portugais espéraient que le ministère agirait avec énergie pour prévenir les funestes conséquences de la guerre civile ; cependant quelques ministres oubliant leurs devoirs et ne se rappelant pas, que d'après l'art. 103 de la Charte constitutionnelle, ils étaient responsables au roi et à la nation *de ce qu'ils faisaient contre la liberté, la sûreté et la propriété des citoyens*, ne s'occupèrent que de machiner des intrigues, de manière qu'ils parvinrent à éloigner de l'infante régente, les deux Portugais qui s'étaient le plus ouvertement déclarés en faveur de la légitimité. L'un d'eux, le conseiller Abrantes [1], à qui les

---

[1] Abrantes fut exilé de Portugal, sans que l'on pût en connaître

Portugais doivent tant de reconnaissance pour le vif intérêt qu'il prit au système constitutionnel, était de tous les conseillers de la régente, celui qui parlait à cette princesse avec plus de franchise; l'autre, le général Saldanha, avait mérité l'estime publique en qualité de ministre de la guerre [1].

Dès ce moment, Francisco Manoel Trigôzo de Aragâo Moràto, ministre secrétaire d'État de l'Intérieur, n'en fit plus qu'à sa guise, et l'on peut dire, avec vérité, qu'il gouvernait ou plutôt bouleversait le Portugal à son bon plaisir, laissant faire de tels progrès à la révolution, que le peuple de Lisbonne, déjà las de tant souffrir, et réduit au plus grand désespoir, voulut assassiner ce ministre, ainsi que celui de la marine [2].

Cette horrible et criminelle tentative aurait dû faire rentrer les ministres dans leur devoir; mais au lieu de cela, ils employèrent la force

---

la cause; ce procédé arbitraire et anti-constitutionnel donna une idée parfaite de celui qui avait machiné cette déportation.

[1] Saldanha fut envoyé pour commander une armée constitutionnelle qui devait marcher sur les rebelles d'Algarves; c'était un piège qu'on lui tendait. Il manqua d'y perdre la vie.

[2] Ce ministre, étant dans sa voiture, fut assailli par la populace, et s'il échappa à sa fureur, il le dut au courage et à l'adresse de son cocher.

pour disperser les séditieux, et ils continuèrent de suivre les mêmes errements. La liberté de la presse fut supprimée malgré la disposition expresse de la Charte, art. 145, §. 3, par laquelle S. M. déclarait que tous les citoyens *pouvaient manifester leurs pensées en paroles ou écrits, et les rendre publiques par la voie de la presse, sans être sujets à aucune censure* [1]. On toléra

---

[1] *Voyez* le document n° 3. Par ce document il est prouvé que ledit ministre, au lieu de se conformer à l'art. 145 de la Charte sus-mentionnée, prend de nouveau, au nom de la princesse régente, des mesures sévères pour anéantir la liberté de la presse, et établir une censure rigoureuse; d'où l'on conclut que, s'étant déclaré ouvertement contre les ordres du souverain, il a compromis le caractère de la régente, et a ôté à la nation portugaise le véritable moyen de son illustration, et la plus ferme barrière contre la conduite arbitraire des mauvais ministres.

Le docteur Francisco Joseph d'Almeida fut nommé par Trigózo pour censurer les ouvrages et *papiers volants* (c'est ainsi que ledit ministre s'expliquait). Almeida, infatigable dans ce service, pour lequel il ne touchait cependant aucun traitement, n'empêchait pas les écrivains de dire quelques vérités; mais cela ne convint pas à monsieur Trigózo, et, en conséquence, Almeida fut chassé ignominieusement, ainsi que l'on en trouve la preuve dans le document n° 3, d'où l'on conclut que le sieur Trigózo viola non-seulement l'art 145 de la Charte constitutionnelle, mais qu'il fit encore un acte arbitraire en destituant et décréditant un citoyen très illustre, uniquement pour satisfaire son caprice.

que les écrivains anti-constitutionnels publias=
sent les plus grandes iniquités contre le souverain légitime, contre la Charte et contre les
défenseurs de la légitimité ; on autorisa la dé=
sertion des corps militaires et la fuite des pervers;
finalement on eut pour les rebelles la plus grande
tolérance; de manière que le peuple voyant tant
d'impunité, de despotisme et d'atrocités, et sa=
chant très bien que le ministre de l'intérieur
était l'auteur de tous ces procédés anti-consti=
tutionnels, n'eut plus d'espoir que dans les
Cortès qui devaient se réunir immédiatement.

Aurait-on pu penser que ces Cortès, une fois
réunies et ayant devant les yeux le funeste
exemple de celles de 1821, auraient procédé
comme elles le firent? Cependant que devait-on
espérer de leur conduite, puisqu'en majeure
partie les députés qui les composaient étaient les
mêmes qu'en 1821? Si alors, ils ne surent pas
maintenir leur dignité, ni l'indépendance de
leur patrie, n'était-il pas vraisemblable qu'en
1826 ils en feraient tout autant et nous pré=
cipiteraient dans de nouveaux malheurs? Si
alors, ils furent en grande partie détestés par la
nation, pour avoir indignement abusé des pou=

voirs qui leur avaient été conférés, pouvaient-ils, en 1826, mériter l'estime publique?

Néanmoins la plupart des constitutionnels mettaient une entière confiance dans les Cortès de 1826; mais ils furent bientôt désabusés quand ils virent que le mal empirait sans que l'on y apportât aucun remède.

L'impunité se perpétua; la liberté de la presse ne fut accordée qu'aux hommes vils pour déclamer contre la Charte et contre son auguste auteur; la violence et le despotisme continuèrent; les rebelles et les conspirateurs qui avaient été pris furent relaxés, sous prétexte qu'il n'y avait pas contre eux de preuves suffisantes; les infâmes et les parjures allèrent comme auparavant en Espagne; les déserteurs qui s'y étaient réfugiés vinrent de nouveau dévaster le Portugal, et les Cortès tolérant tous ces désordres, employant le temps en arguments, en divisions du territoire, en projets de lois pour imposer des tributs au peuple [1], sans jamais

---

[1] Il me paraît impossible qu'il y eût au Congrès des hommes avec assez peu de connaissances en économie politique, pour n'avoir pas su multiplier les rentes de l'État sans imposer un fort

daigner accomplir le vœu de leurs commettants, qui, publiquement et clairement, exigeaient des secours, un changement de ministère, et la punition des coupables.

Dira-t-on que je parle avec passion ? voudrait-on nier ce que je viens de dire, en m'objectant que les Anglais furent appelés en Portugal pour nous secourir ? qu'on exigea de plus en plus des satisfactions de l'Espagne, pour avoir accueilli les déserteurs ? que, par suite de la demande que le ministre de la justice en avait faite à S. A., les décrets de 1660 et édits de 1792 furent mis en vigueur, pour empêcher la désertion ? que le ministre des affaires étrangères suspendit l'exercice de l'ambassadeur d'Espagne ? que ce même ministre fit un rapport en présence de la chambre des députés, sur la situation malheureuse du Portugal ? que le docteur Magalhães réclama ardemment au congrès que l'on dressât une représentation à la régente, en lui démontrant l'inertie, la turpitude et la

---

tribut, qui fut celui du papier timbré : était-ce ainsi que l'on pouvait calmer les esprits et rendre vigoureux un système chancelant ?...

vénalité des ministres d'État, et les maux dont ils affligeaient la nation, afin que l'on daignât y apporter le plus prompt remède?

Tout ceci arriva, je n'en disconviens pas; mais quel en fut le résultat? Le triomphe des rebelles!

Certainement les Anglais allèrent en Portugal; mais je le demande, qu'y vinrent-ils faire? et à quoi servit leur présence? Elle ne servit de rien, selon plusieurs personnes : moi je dis qu'elle servit de beaucoup; mais ce fut en faveur des ennemis de la légitimité!

Lorsque la petite armée anglaise débarqua à Lisbonne, tous les constitutionnels et les rebelles s'imaginèrent que l'Angleterre était décidée à accomplir ses promesses, et qu'à cet effet, elle envoyait une division de troupes, afin d'assister les défenseurs de la légitimité. Les rebelles en furent fort effrayés; mais aussitôt qu'ils virent que les troupes anglaises ne donnaient aucun appui à l'armée constitutionnelle, ils reconnurent que c'était une ruse de la part de l'Angleterre, et ils continuèrent leurs agressions avec encore plus d'activité.

Cependant les constitutionnels plus crédules,

comptaient encore sur les promesses du *cabinet britannique*; persuadés que l'Angleterre n'enverrait pas seulement une division, mais plusieurs, ne prévoyant pas les maux futurs, et ne supposant pas qu'ils seraient abandonnés à l'usurpation, quand ils étaient résolus de se battre jusqu'à la mort, pour défendre la légitimité de leur roi, ils commencèrent tous à manifester leurs nobles sentiments en actions, en paroles et en écrits.... Et dès ce moment, ils furent tous connus. Il s'ensuivit que les Anglais, loin d'être utiles aux défenseurs de la légitimité, leur furent très nuisibles; parce que, en abandonnant le Portugal au moment où *l'usurpateur* y entra, ils laissèrent exposés à sa fureur brutale, ceux-là mêmes à qui ils avaient promis protection, et qui s'étaient sincèrement déclarés, parce qu'ils avaient eu l'imprudence de se confier à leurs fausses promesses.

Quant aux satisfactions que le gouvernement portugais exigea du gouvernement espagnol, et à la suspension de l'ambassadeur d'Espagne, par suite du rapport que le ministre des affaires étrangères présenta à la chambre des députés, on reconnaissait clairement que la cour d'Espagne avait l'intention de violer les lois les plus sacrées au profit de ses intérêts [1]. Le ministre des affaires étrangères remarqua si bien cette disposition, qu'il s'exprima devant l'assemblée de la manière suivante : *Est-il possible que la perfidie et l'immoralité d'un gouvernement arrivent à un tel point* [2] *!!!*

Et quelles furent les mesures que prit le congrès ? Les députés ne connaissaient-ils pas, avant d'avoir entendu le rapport, quelles étaient les intentions de l'Espagne ? Et devait-on avoir aucune considération pour un gouvernement qui, en affectant de l'amitié, ne cherchait que notre ruine ? Au lieu de tant de notes inutiles, n'aurait-il pas été plus avantageux de n'en avoir qu'une seule et définitive, par laquelle on aurait déclaré à l'Espagne que le gouvernement portugais était fermement résolu de recevoir tous les constitutionnels espagnols, du moment où l'Espagne recevrait encore un seul déserteur portugais ?

---

[1] La copie de ce rapport se trouve à la fin de cet ouvrage, sous le n° 5.

[2] Voir le même rapport.

Et qui aurait perdu dans ce cas, de l'Espagne ou du Portugal? Il me semble que la désertion aurait été suspendue à l'instant même; car le cabinet de Madrid ne pouvait s'empêcher de reconnaître qu'il ne lui était guère avantageux de perdre nombre de citoyens, pour recevoir une bande de traîtres.

Quant aux mesures qui furent suggérées à S. A. l'infante régente, par le ministre de la justice Guerreiro [1], et qu'elle daigna approuver en conséquence de son conseil, elles ne pouvaient, en aucune manière, remplir le but désiré:

1º Parce qu'il n'y avait pas une punition assez sévère;

2º Parce que les magistrats chargés d'exécuter le nouveau décret, étaient les mêmes qui n'avaient point obéi aux édits mentionnés;

3º Parce que le ministre lui-même s'était rendu suspect [2].

---

[1] Voir à la fin de l'ouvrage, le document n° 4.

[2] Par décret du 30 août, contre-signé par Jozé Antonio Guerreiro, ministre de la justice, 1er septembre, le bachelier Juiz de Fora (juge de paix) d'Aveiro, avait été ignominieusement destitué de son emploi pour s'être opposé au système constitutionnel; le

Relativement aux mesures que le docteur Magalhâes réclamait, il est bien constant que la majorité de la chambre des députés vota contre lui comme anti-constitutionnel, non qu'il le fût, mais parce qu'aucun autre ministre que celui-là même qui existait alors, et avec lequel

27 septembre suivant, il reparut, et le même ministre qui avait prononcé son renvoi, le nomma à la place de surintendant des tabacs de la province de Alemtejo, emploi plus honorable et beaucoup mieux rétribué que celui de Juiz de Fora d'une simple ville de la même province. Il est positif qu'on ne pouvait pas en vingt-sept jours connaître les bons ou les mauvais procédés dudit Juiz, et qu'on ne pouvait le nommer sans les connaître.

Si son opposition au système n'était pas confirmée, l'expulser de sa place c'était agir d'une manière arbitraire et anti-constitutionnelle; si au contraire l'opposition était assez notoire pour qu'on le privât de sa place de Juiz de Fora, comment pouvait-il ou devait-il obtenir un autre emploi?

On se récria beaucoup contre la conduite arbitraire de M. Guerreiro, et contre la morgue diplomatique dont il faisait preuve vis-à-vis de ses collègues; cependant, comme M. Guerreiro avait des *amis très puissants*, non-seulement il fut bientôt député aux Cortès, mais encore il fut nommé vice-président de la chambre des députés. Ces gens-là étaient-ils constitutionnels?

Désirant de signaler le but dont je viens de parler, j'eus le désagrément de voir supprimer le neuvième numéro *du Pavillon Lusitanien*, où se trouvait imprimé, avec permission de la censure, un article qu'elle me défendit ensuite arbitrairement de publier.

il était d'accord, ne pouvait convenir aux révolutionnaires : ce qui se manifeste assez clairement par la décision de la Chambre.

Pour rendre hommage à la vérité, je dirai toujours que dans la chambre des pairs, comme dans celle des députés, il y avait des Portugais très recommandables par leur caractère, leurs vastes connaissances, leur patriotisme, et le grand courage avec lequel ils défendirent constamment la Charte constitutionnelle et les droits de la légitimité ; mais malheureusement ces hommes étaient peu nombreux, et comme dans les corps collectifs ce n'est ni la raison, ni le patriotisme, ni le talent qui l'emportent, mais bien la majorité des voix, ce fut le motif pour lequel les décisions furent toujours contraires aux intérêts de l'État; ce fut le motif pour lequel on toléra tant d'insolences faites et publiées par le parti servile et ses agents ; ce fut le motif pour lequel quelques écrivains salariés eurent l'audace de déclamer impunément contre les institutions sacrées que le bienfaisant et généreux monarque avait daigné nous concéder, et même contre son auguste personne ; ce fut le motif pour lequel on exerça un si grand despotisme ;

on consentit à tant d'atrocités, à tant de vols, à tant de ravages, de perfidies et d'iniquités de toute espèce; ce fut le motif enfin pour lequel on toléra que le gouvernement espagnol, violant les traités et trompant notre bonne foi, foulât aux pieds toutes les lois sociales, et reçut à bras ouverts, au milieu des fêtes et des acclamations, une bande de janissaires qui venaient de se déclarer traîtres, parjures, et ennemis de leur patrie!

A la vue de tous ces événements, peut-on douter que les maux supportés aujourd'hui par la nation portugaise, ne soient causés en grande partie par les Cortès de 1826? Si celles-ci se fussent conduites comme elles le devaient, les Portugais n'auraient pas souffert tant de désastres; *nos prétendus amis* n'auraient point abusé de notre bonne foi; et le monstre sanguinaire et perfide qui ravage aujourd'hui le Portugal, n'aurait pas placé sur sa tête une couronne qui ne lui appartient pas!

CINQUIÈME CAUSE,

LA *BONNE* PROTECTION ANGLAISE.

Il est étrange qu'on ne se fasse pas encore une idée exacte du cabinet britannique! Il y a bien des motifs de s'étonner que quelques nations respectables dont il a trompé la bonne foi, compromis l'existence, consommé la ruine, sous le faux semblant de l'amitié, n'aient rien fait pour secouer le joug de sa détestable politique!

L'Angleterre, aujourd'hui maîtresse de toutes les mers, a établi un système d'esclavage naval, au préjudice du commerce de toutes les autres na=

tions ; et si, faute de forces suffisantes, elle n'a point réalisé son grand projet de la domination universelle, du moins a-t-elle travaillé avec une ardeur et une persévérance infatigables à ourdir des trames, à fomenter des complots, à semer la discorde, à préparer les attentats et les iniquités de tous genres qui, depuis longues années, ont affligé et affligent encore le monde entier. Ses agents, ses *espions*, et ses traficants répandus sur toute la terre, ne font qu'exciter les peuples à la guerre civile, afin d'extorquer leur numéraire et de détruire leur industrie et leur commerce ; malheur alors à ceux qui, en pareilles circonstances, comptent sur le secours du gouvernement britannique.... Il viendra offrir son intervention, mais ce n'est que pour être plus à portée de profiter des désordres qu'il a fait naître, mieux vaudrait en ce cas son inimitié que son alliance ou sa protection. Voilà des vérités qui ne sont pas moins incontestables, que ne sont manifestes les faits qui ont fait généralement détester la conduite de cette orgueilleuse nation.

A voir l'état misérable de l'Angleterre, naguère habitée par quelques hordes de

Bretons ou par des transfuges hollandais; sans marine, sans armée, sans industrie, sans commerce, dépourvus même des objets de première nécessité, quelle politique assez habile aurait pu penser qu'un temps viendrait où cette aggrégation, alors si débile, s'arrogerait l'empire des mers? Qui eût pu prévoir que cette même nation, véritablement inconnue, aurait l'audace de prétendre à la suprématie universelle, et l'impudence de vouloir être la médiatrice dans toutes les affaires des plus respectables cabinets de l'Europe, et la régulatrice du sort de toutes les puissances? Aurait-on pu supposer que la nation Portugaise, qui fit trembler tous les monarques de l'Orient; qui dicta des lois dans les quatre parties du monde; qui étonna l'univers par ses exploits; qui fut si enviée pour ses découvertes et ses conquêtes; qui franchit les mers avec ses nombreuses escadres; qui se rendit si recommandable par son noble caractère et par la grande valeur de ses capitaines; qui fut enfin la maîtresse du commerce des deux mondes; aurait-on pu supposer, dis-je, que cette grande nation serait un jour injuriée, trahie et insultée par l'Angleterre? Lorsqu'un ambassa=

deur anglais s'humiliait et donnait satisfaction au roi D. Joseph, de la part de son gouvernement, qui aurait pu songer que le cabinet de la Grande-Bretagne deviendrait de nouveau l'arbitre des destinées du Portugal ; malheureusement pour ma chère patrie, c'est un fait, et un fait si notoire et si scandaleux, qu'il ne devrait pas rester impuni.

Abuser des disgrâces d'autrui après les avoir provoquées, c'est d'une perversité abominable ; mais trahir son bienfaiteur et son ami en trompant sa bonne foi, c'est la plus grande des iniquités. Telle a été la conduite de l'Angleterre envers le Portugal, particulièrement dans ces derniers temps, et en preuve de ce que j'avance afin d'éclairer le public, de prémunir contre l'hypocrisie anglaise les personnes que peut séduire un faux amour de l'humanité, afin qu'on ne m'accuse pas de parler avec passion, je commencerai par transcrire un chapitre d'un ouvrage que j'ai entre les mains [1] en y joignant un document officiel, qui mettra au grand jour le préjudice que l'Angleterre nous a causé jus-

---

[1] L'administration du marquis de Pombal.

qu'au règne du très auguste roi D. Joseph ; je terminerai par un tableau succinct des maux dont nous a accablés *notre très fidèle et antique alliée* ; car c'est là le titre qu'elle prend ; en est-il un qui soit plus diamétralement opposé à sa conduite ambitieuse ?

PASSAGE

DES ANGLAIS AUX INDES.

« L'origine de l'Angleterre est si peu connue, qu'on ignore encore aujourd'hui celle de ses premiers habitants. On sait seulement que cette île, qui ne formait qu'un point imperceptible sur le globe, fut d'abord fréquentée par les Phéniciens, les Carthaginois et les Gaulois. Son premier commerce se réduisait à quelques vases de terre, du sel, des instruments de fer, qu'on échangeait contre des esclaves, des chiens de chasse, et de l'étain. Avec de tels moyens, l'Angleterre ne devait pas s'élever à la grandeur ;

aussi resta-t-elle long-temps dans une sorte d'a=
néantissement. Son état de faiblesse était tel,
qu'elle voyait tous les ans ses campagnes déso=
lées, ses récoltes enlevées, ses maisons saccagées,
ses peuples menés en esclavage, sans que la na=
tion songeât à se soustraire à cette tyrannie du
premier venu qui voulait l'opprimer.

» Le pays étant entièrement dévasté, et n'y
ayant plus rien à prendre, on prit le pays lui-
même, qui passa d'une domination à l'autre,
sans que jamais ce peuple, aussi faible que ti=
mide, cherchât à se défendre.

» Guillaume-le-Conquérant, qui subjugua
l'Angleterre, la fit sortir de cet état d'inertie qui la
retenait depuis long-temps dans l'avilissement.
C'est peut-être la première fois que la tyrannie
ait été utile aux hommes; car tout usurpateur
est un tyran. Ce n'est pas que le prince normand
lui donnât des vertus, un peuple esclave n'en
saurait avoir; mais il lui donna des lois et un
gouvernement. Voici une étrange révolution,
qui n'est arrivée aucune à société depuis les
Romains.

» A peine les Anglais furent-ils sortis de la
barbarie, qu'ils devinrent belliqueux. Ils firent

voir un courage qu'ils n'auraient jamais dû montrer, ou qu'ils auraient dû faire voir plus tôt. La guerre devint pour eux un état naturel; ils donnèrent des batailles au dehors, et quand ils n'eurent plus de combats à livrer à leurs voisins, ils se battirent entre eux. Les guerres civiles furent pour les Bretons une école, où ils apprirent à devenir soldats. Comme il n'y avait encore aucune loi qui favorisât le commerce, il était en entier dans les mains des étrangers. La somme du numéraire étant très petite, l'intérêt de l'argent était très haut, et c'est peut-être une règle assez générale, que moins il y a de finances dans un État, et plus la finance y est chère. C'est la rareté de l'espèce qui y met le prix. Les lois économiques étaient si contraires à leur objet, que loin d'encourager l'exportation des laines manufacturées et du fer travaillé, elles la prohibaient.

» Le règne d'Henri VII changea la face de l'État. Ce prince ne fit pourtant que permettre aux barons de vendre leurs terres et aux roturiers de les acheter. Mais cette loi eut cet effet, qu'elle rapprocha les hommes, en mettant plus d'égalité dans les conditions. Dans un État où un ci=

toyen est à une distance immense d'un autre citoyen, il s'y forme un vide qui n'est rempli par aucune classe.

» Voici une mauvaise loi. On fixa le prix de tous les comestibles, on taxa d'usure l'intérêt de l'argent, comme si l'argent ne devait pas avoir un prix, comme si celui qui le loue n'était pas obligé de payer pour le profit qu'il y fait. On établit des corps de maîtrises, ce qui était le moyen d'avoir peu de maîtres. Presque tous les ouvriers étaient Flamands. Il est remarquable que ce peuple, de nos jours le moins laborieux, était alors le plus industrieux. On fit plus, on taxa la main-d'œuvre. Les artistes ne pouvaient occuper plus de deux hommes dans leurs ateliers. Les marchands de Londres étaient taxés comme des étrangers. On n'avait pas encore établi des lois agraires, c'est-à-dire celles qui jettent les fondements de la puissance d'un État naissant. L'ignorance sur l'agriculture était si grande, qu'on abandonnait la culture des meilleures terres pour les mettre en pâturages, dans le temps même qu'on fixait le nombre des moutons qui devaient former chaque troupeau. Tout le commerce, tous les arts, toutes les affaires de la république étaient entre les mains des habitants des Pays-Bas. Sans être Anglais, ils étaient les artistes de l'Angleterre.

» Il en est des États comme des hommes : il y a une sorte de fortune qui préside à leur élévation ; on serait bien embarrassé de dire ce qu'on entend par ce mot. Peut-être qu'il vaut mieux ne pas l'entendre ; on s'indignerait contre le caprice du hasard, qui souvent sert mieux les gouvernements que les meilleures lois politiques et civiles.

» Voyez par quel enchaînement de causes fécondes, l'Angleterre jette les premiers fondements de sa grandeur. Il se trouve un homme cruel et barbare en Flandre. Le duc d'Albe, qui gouverne les Pays-Bas, est un tyran ; les habitants fuient son oppression; les plus habiles artistes passent en Angleterre; les manufactures s'établissent à Londres ; l'industrie se forme et les arts fleurissent. Par un second effet du même hasard, la persécution des Réformés en France donne des ouvriers de toute espèce à l'Angleterre ; les secrets des arts, dont les gouvernements économiques faisaient un mystère, n'en est plus un. Par un dernier événement, peut-être plus heureux que les premiers, une grande reine occupe le trône. Élisabeth profite des fautes des autres souverains pour enrichir son empire. La Grande-Bretagne devient une puissance, avant le temps où la politique permet aux petits États de s'agrandir.

» Dans la marche de l'économie pratique, il suffit du premier pas. Les Anglais, qui achetaient leurs vaisseaux des autres nations, apprennent à les construire eux-mêmes. Avec ces magasins ambulants, ils entreprennent seuls le commerce de la Moscovie. Bientôt ils entrent en concurrence avec les villes anséatiques; ils jettent les premiers fondements de leur commerce avec la Turquie. Leurs navigateurs, pleins de cette émulation maritime qui a contribué à faire les plus grandes découvertes sur l'Océan, tentent de s'ouvrir un passage aux Indes; ils y arrivent, les uns par le sud, les autres par les voies que les Portugais et les Hollandais ont prises pour y parvenir. Les plus habiles ou les plus ambitieux négociants forment en 1600 une société, sous le nom de *Compagnie des Indes*. Elle obtint du parlement un privilége exclusif; elle arma quatre vaisseaux. C'était bien peu pour une expédition de cette importance ; mais les Anglais ont pour maxime, que dans les entre= prises qui exigent de grandes dépenses il faut beaucoup de précautions. Ils arrivèrent au port d'Achem, où ils furent bien reçus des habitants. La renommée de cette nation avait déjà pé= nétré dans les Indes ; on savait que les Anglais avait eu des avantages à la guerre contre les Portugais ; il n'en fallut pas davantage pour les faire recevoir comme amis, tant la haine qu'on portait aux Portugais était grande. Le roi donna des fêtes à cette occasion ; il accompagna celles-ci d'un traité de commerce.

» Les Portugais ne pouvaient pas manquer d'avoir des démêlés avec les Anglais, comme ils en avaient eu avec les Hollandais. Une na= tion qui avait dominé la première dans les Indes, et qui avait dominé seule, ne pouvait pas s'accoutumer au partage.

» Cependant les Anglais établirent des comp= toirs à Mastulipatan, à Calicut, à Delhi, et poussèrent même leur ambition jusqu'à vouloir en établir à Surate. Jusque-là les Portugais n'avaient fait que se plaindre ; mais lorsqu'ils apprirent ce dernier dessein, ils menacèrent : ils firent dire aux princes Indiens, que s'ils souf= fràient les Bretons dans cette ville, ils brûle= raient tous leurs bâtiments, et s'empareraient de la navigation générale de l'Inde. Il faut ob= server que ce discours s'adressait à des rois puissants, à des nations immenses, et que lors= qu'ils parlaient ainsi, il y avait mille Indiens pour un Portugais. Voilà ce qui explique com= ment les Romains firent autrefois la conquête du monde. L'audace, dirigée par la force, peut faire qu'un homme en vaille mille. Cette dif= férence résulte de celle de la discipline mili= taire.

» Cependant le ton impérieux qu'avaient d'a= bord pris les Portugais, ne leur réussit point : ils furent battus, mais non point vaincus. Les Anglais eurent sur eux l'avantage, sans avoir la supériorité.

» Les victoires des Bretons sur les Portugais, qui avaient long-temps passé pour invincibles, leur donnèrent une réputation qui s'étendit jus= qu'en Perse. Le gouvernement leur permit d'y négocier; et pour qu'ils le fissent avec avantage, il leur accorda une exemption perpétuelle de tous les droits sur les marchandises qu'ils y introduiraient, à condition qu'ils entretiendraient deux vaisseaux de guerre dans le golfe. On craignait plus le ressentiment des Portugais, qu'on ne redoutait la puissance des Anglais.

» Le commerce des Bretons rendit la Perse florissante.

» La mort de Charles Ier, qui fut un événement pour l'Europe, et un exemple pour les rois, fit oublier les Indes. Tout fut dans le trouble et la confusion en Angleterre. On n'était sorti du despotisme royal, que pour tomber sous le joug de l'oligarchie. Le peuple cherchait partout la république, et ne la trouvait nulle part. Les Portugais respirèrent en Asie; mais ce ne fut pas pour long-temps. La guerre que le Protecteur déclara aux Hollandais, où ils furent vaincus plusieurs fois, donna une nouvelle vigueur au commerce des Anglais. La Compagnie en profita pour se rendre maîtresse des meilleurs marchés de l'Inde : elle allait même s'établir au Japon, lorsque les Japonais ayant appris que le roi avait épousé une fille du roi de Portugal, ne voulurent pas recevoir les Anglais dans leurs ports. Comme la haine est une suite de la crainte, on doit juger par celle-ci de la terreur que les Portugais imprimaient à toutes les cours de l'Asie, au temps même de leur décadence.

Tout ce qu'on vient de lire non-seulement confirme ce que j'ai rapporté relativement à l'origine de l'Angleterre, mais encore fait voir que les Anglais se rendirent maîtres de nos possessions en Asie, sans le consentement du gouvernement Portugais; qu'ils établirent leurs factoreries (grands comptoirs) à Masulipatan, Calicut, Delhi, Surate; et enfin qu'ils firent feu sur notre drapeau, détruisant nos escadres sans avoir fait préalablement une déclaration de guerre. Voyons maintenant de quelle manière s'explique le meilleur ministre d'État qu'il y ait eu en Portugal, quand il exigeait de l'Angleterre une satisfaction, à cause de l'insulte faite au pavillon Portugais par quelques officiers de marine, qui avaient eu l'audace de brûler des navires français sur la côte d'Algarve, près de la ville et port de Lagos.

DOCUMENT OFFICIEL.

TROISIÈME LETTRE DU COMTE DE OEIRAS,
Ministre de S. M. T. F. le roi D. Joseph Ier,

ADRESSÉE AU MINISTRE DES AFFAIRES ÉTRANGÈRES DE S. M. B.

« Vous comptiez pour peu en Europe, lors=
» que nous comptions pour beaucoup : votre île
» ne formait qu'un point sur la carte géogra=
» phique, tandis que le Portugal la remplissait
» de son nom ; nous dominions en Asie, en
» Afrique et en Amérique, tandis que vous ne
» dominiez que dans une petite île de l'Europe.
» Votre puissance était au nombre de celles qui
» ne peuvent aspirer qu'au second rang; par
» les moyens que nous vous avons donnés, vous
» vous êtes élevé au premier. Cette impuissance
» physique vous mettait hors d'état d'étendre
» votre domination au-delà de votre île ; car
» pour faire des conquêtes, il vous fallait une
» grande armée : or, pour avoir une grande
» armée, il faut avoir le moyen de la payer, et

» vous ne l'aviez pas. Le numéraire vous man-
» quait. Ceux qui ont calculé vos facultés, lors
» de la grande révolution de l'Europe, ont
» trouvé que vous n'aviez pas de quoi entrete-
» nir dix régiments. La mer, qu'on peut regar-
» der comme votre élément, ne vous offrait pas
» de plus grandes ressources ; à peine pouviez-
» vous équiper vingt vaisseaux de guerre.

» Depuis cinquante ans, vous avez tiré du
» Portugal plus de quinze cents millions; somme
» si énorme, que l'histoire ne dit point qu'au-
» cune nation en ait jamais enrichi une autre
» d'une pareille. La manière d'acquérir ces tré-
» sors vous a été encore plus favorable que les
» trésors eux-mêmes : c'est par les arts que
» l'Angleterre s'est rendue maîtresse de nos
» mines ; elle nous dépouille régulièrement
» tous les ans de leur produit. Un mois après
» que la flotte du Brésil est arrivée, il n'en reste
» pas une seule monnaie d'or en Portugal. La
» totalité passe en Angleterre ; ce qui contribue
» continuellement à augmenter sa richesse nu-
» méraire. La plupart des payements en banque
» se font avec notre or.

» Par une stupidité qui n'a point d'exemple

» dans l'histoire universelle du monde écono-
» mique, nous vous permettons de nous habil-
» ler et de nous fournir tous les objets de notre
» luxe, qui n'est pas peu considérable. Nous
» donnons à vivre à cinq cent mille artistes,
» sujets du roi Georges : population qui sub-
» siste à nos dépens dans la capitale d'Angle-
» terre. Ce sont vos champs qui nous nourris-
» sent : vous avez substitué vos laboureurs aux
» nôtres ; au lieu qu'autrefois nous vous four-
» nissions des grains, aujourd'hui vous nous
» en fournissez. Vous avez défriché vos terres,
» et nous avons laissé tomber les nôtres en
» friche, etc., etc.

» Mais si nous vous avons élevés au faîte des
» grandeurs, il ne tient qu'à nous de vous
» précipiter dans le néant d'où nous vous avons
» tirés. Nous pouvons mieux nous passer de
» vous, que vous ne pouvez vous passer de
» nous. Une seule loi peut renverser votre puis-
» sance, ou du moins affaiblir votre empire.
» Nous n'avons qu'à défendre la sortie de notre
» or sous peine de la vie. Vous répondrez sans
» doute à cela, que malgré la prohibition, il
» en sortira toujours, comme il en est toujours

» sorti, parce que vos vaisseaux de guerre ont
» le privilége de n'être pas visités à leur départ,
» et qu'à la faveur de ce privilége, ils enlève-
» ront toujours le numéraire. Mais ne vous y
» trompez pas, j'ai fait rompre le duc d'Aveiro,
» parce qu'il avait attenté à la vie du roi, je
» pourrais bien faire pendre un de vos capi-
» taines, parce qu'il aura enlevé son effigie
» malgré la loi. Il y a des temps dans la mo-
» narchie où un seul homme peut beaucoup.
» Vous savez que Cromwel, en qualité de pro-
» tecteur de la république d'Angleterre, fit
» exécuter le frère de l'ambassadeur du roi Très
» Fidèle [1], parce qu'il s'était prêté à une émeute
» populaire. Sans être Cromwel, je me sens en
» état de suivre son exemple, en qualité de
» ministre-protecteur du Portugal. Faites donc
» ce que vous devez, et je ne ferai pas ce que
» je puis.

» Que deviendrait la Grande-Bretagne si une
» fois on lui coupait la source des richesses
» de l'Amérique? Comment paierait-elle cette
» nombreuse troupe de terre et sa grande armée

---

[1] Cet ambassadeur était Pantaon de Sa.

» navale? Comment donnerait-elle à son souve-
» rain les moyens de vivre avec l'éclat d'un grand
» roi ? D'où tirerait-elle ces subsides qu'elle
» paie aux puissances étrangères pour étayer
» la sienne ? Comment vivraient un million
» de sujets anglais, si la main d'œuvre d'où ils
» tirent leur subsistance ne subsistait plus ?
» Dans quel état de pauvreté ne tomberait pas
» le royaume, si cette première ressource lui
» manquait? Le Portugal n'a qu'à refuser ses
» grains, c'est-à-dire, son pain, pour que
» la moitié de l'Angleterre meure de faim.
» Vous direz peut-être qu'on n'intervertit pas
» ainsi l'ordre des choses, et qu'un système
» établi depuis long-temps ne se change pas
» dans un moment. Vous direz bien, mais moi
» je dirai mieux : c'est qu'en attendant le temps
» qui peut amener cette réforme, j'établirai un
» plan préliminaire d'économie qui remplira
» le même objet. Depuis long-temps la France
» nous tend les bras pour que nous recevions
» le produit de ses manufactures de laine, il ne
» tient qu'à nous d'anéantir les vôtres en accep-
» tant ses offres. La Barbarie qui abonde en
» grains, nous en fournirait au même prix, et

» peut-être à meilleur marché que vous : alors
» vous verriez avec une extrême douleur une
» des plus grandes branches de votre marine
» s'éteindre entièrement, car vous êtes trop
» versé dans le ministère pour ignorer que les
» hommes employés au transport de ces appro=
» visionnements, forment une pépinière d'offi=
» ciers et de matelots dont la marine royale se
» sert en temps de guerre, et que c'est avec
» celle-ci que vous avez élevé votre puissance.

» La satisfaction que je vous demande est
» conforme au droit des gens. Il arrive tous les
» jours, que des officiers de mer ou de terre,
» font par zèle ou par inconsidération ce qu'ils
» ne devraient pas faire; c'est au gouvernement
» à les punir, et à faire réparation à l'État qu'ils
» ont offensé. Il ne faut pas croire qu'il y ait
» rien d'avilissant dans une réparation de ce
» genre ; loin de là, on a meilleure opinion
» d'une nation qui se prête à ce qui est juste :
» et c'est toujours de l'opinion que dépend la
» puissance d'un État. »

Le ministère anglais jugea plus prudent d'envoyer un ambassadeur extraordinaire à Lisbonne pour donner la satisfaction exigée, que d'avoir des contestations avec une cour, où il y avait un roi ferme et un si digne ministre. Lord Quinoul, arrivé à Lisbonne, et admis devant S. M. Très Fidèle, en audience publique, déclara en présence de tous les ambassadeurs étrangers et ministres plénipotentiaires [1], que la conduite des officiers anglais qui avaient brûlé les navires français sur la côte de Lagos, était répréhensible ; et qu'en conséquence le roi son maître l'envoyait pour témoigner à S. M. Très Fidèle, qu'il n'avait pris aucune part à cet acte d'hostilité dont il lui donnait satisfaction.

Ce procédé de la cour de Londres était tellement en opposition avec son orgueil, que l'on en tira cette conséquence que, si malgré sa

---

[1] Le marquis de Pombal, alors comte de Oeiras et ministre secrétaire-d'état des affaires étrangères, invita pour assister à cette audience tous les ambassadeurs et ministres plénipotentiaires, afin qu'ils fussent présents ; et ils entendirent la satisfaction que le ministre anglais donnait à Sa Majesté Très Fidèle de la part de Sa Majesté Britannique. Ainsi cette satisfaction devenait un acte public qui, dans aucun temps, ne pouvait être contredit par l'Angleterre. Telle était l'habile politique de ce grand homme d'État : il est à regretter que ses successeurs n'aient pas eu au moins le désir de l'imiter.

répugnance hautement manifestée, le roi de la Grande-Bretagne, cédant enfin, avait envoyé donner une semblable satisfaction, ce n'avait été ni par condescendance ni par égard pour les traités, mais uniquement dans l'intérêt de l'Angleterre, et dans la crainte de voir réaliser les menaces du marquis de Pombal. Il résulte de là qu'il y a soixante ans cette puissance était dans la dépendance du Portugal ; et qu'elle se jugeait trop faible pour se passer de lui, autrement elle ne se fût pas résolue à une démarche humiliante. Les nations, dans tous les temps, quand elles eurent la force, ne donnèrent point de satisfactions, elles livrèrent des batailles....

Cette lettre du marquis de Pombal montre que les Anglais n'avaient encore aucune prépondérance réelle dans le monde; que les Portugais dominaient déjà en Asie, en Afrique et en Amérique ; que leur puissance physique ne leur permettait pas d'aller au-delà de leurs limites ; qu'ils n'avaient encore ni numéraire, ni commerce, ni marine, ni armée, à l'époque de la grande révolution. Il est également démontré que, si cette orgueilleuse nation passa rapidement d'un état d'abattement et de misère à un état très florissant, ce ne fut ni l'émigration des Hollandais ni celle des Français qui contribuèrent à ce changement, mais l'énorme quantité d'or que les Anglais emportèrent du Portugal ; elle ne s'éleva pas à moins de 1,500 millions de cruzades, c'est-à-dire de 3 milliards 750 millions de francs, capital plus que suffisant pour faire la fortune d'une puissance du premier ordre ; accumulé chez une petite nation, telle qu'était alors l'Angleterre, ce capital devait nécessairement contribuer avec rapidité à l'accroissement de sa prospérité naissante. Aussi à mesure que le Portugal s'anéantissait et devenait plus pauvre, l'Angleterre s'élevait et s'enrichissait. Il est donc évident que c'est au Portugal qu'elle dut son premier agrandissement, et non à l'émigration des Hollandais et des Réformés; ceux-ci, il est vrai, lui donnèrent des artistes et des ouvriers; mais si les Portugais ne lui eussent pas fourni l'argent pour les payer, comment aurait-elle pourvu à la subsistance des créateurs de son industrie?

Il est évident que le Portugal ayant un ministre comme le marquis de Pombal, les Anglais ne purent pas continuer leurs *trafics* accoutu=

més; mais plus tard ils surent bien récompenser le court espace de temps pendant lequel ils n'avaient pu nous pressurer !

Quels maux incalculables ne nous causèrent-ils pas durant le règne de D. Maria Ire ! Pourtant tous ces maux réunis à ceux qu'ils nous avaient causés avant l'administration du marquis de Pombal, ne sauraient être comparés à ce qu'ils nous ont fait souffrir sous le règne de D. Juan VI, ni aux malheurs qui nous ont affligés depuis la mort de ce monarque.

Sous D. Maria Ire, ils ruinèrent nos fabriques, notre industrie, notre commerce, notre agriculture, et enlevèrent du Portugal plus de 500 millions de cruzades. Sous D. Juan VI, ce fut encore pis; car, profitant de la bonhomie de ce monarque et de la turpitude de quelques-uns de ses ministres, les Anglais réduisirent le Portugal à la honte de se voir gouverné par leurs ambassadeurs. Non contents de nous avoir extorqué tout notre or, ils nous enlevèrent encore presque tout notre argent, de manière qu'il fallut battre une quantité considérable de cette monnaie pour suppléer à la rareté du numéraire, dont l'absence se faisait même sentir dans

Lisbonne qui, à des époques plus fortunées, était la ville du monde qui possédait les plus grandes richesses. Nous fûmes exposés à une guerre contre l'Espagne; nous supportâmes une invasion étrangère; nous fûmes forcés de combattre long-temps pour notre indépendance; nous perdîmes nos escadres, notre industrie, notre commerce, notre marine marchande, ainsi que la majeure partie de nos possessions; nous perdîmes aussi le vaste empire du Brésil, notre représentation nationale, et jusqu'à notre propre liberté : au milieu de ces revers quelle était notre fatalité? la maligne influence de la Grande-Bretagne.

L'oppression sous laquelle, grâce au despotisme et aux intrigues de l'Angleterre, les Portugais gémissaient en 1820, était si affreuse, qu'il ne restait plus qu'à mourir dans l'esclavage, ou à sacrifier sa vie pour sauver la patrie. Voilà par quels motifs justes et plausibles les Portugais, à cette époque, se décidèrent à proclamer la Constitution.

En 1807, le roi de Portugal, sacrifié par ses ministres et par l'Angleterre, avait été obligé de se retirer au Brésil. Avec lui disparurent les der=

niers débris de notre splendeur passée ; de toute notre marine, jadis si formidable et si nombreuse, il ne nous restait qu'une seule escadre [1], il l'emmena ; il emmena l'élite de la jeunesse portugaise, presque toute la noblesse, un nombre considérable de négocians capitalistes : plusieurs officiers-généraux, toute la brigade royale de la marine ; il emporta tous les trésors royaux, ceux du palais de l'Infantado, mit à sec les coffres publics, et s'éloigna, ne nous laissant uniquement qu'une demi-feuille de papier par laquelle il nous ordonnait de recevoir comme amis les mêmes envahisseurs qu'il fuyait, et nous imposait une régence composée d'hommes inexpérimentés et sanguinaires, investis d'un pouvoir absolu, seulement pour faire le mal. Alors à la faveur du désordre général et de l'appui que lui prêtait traîtreusement la cour d'Espagne, l'ennemi ne rencontrant aucune espèce de résistance, put arriver jusqu'à Lisbonne, où il se proclama vainqueur.

[1] Cette escadre, malgré notre triste situation, se composait encore d'environ trente voiles, y compris onze vaisseaux de ligne de la plus belle construction.

Les Espagnols ne tardèrent pas à recevoir la récompense due aux traîtres ; ils furent tous désarmés sur la place du commerce de Lisbonne, par les mêmes soldats de Bonaparte à qui, dans des vues ambitieuses, ils avaient prêté assistance.

Durant neuf mois [1] le Portugal eut à souffrir tout ce qui peut aggraver le sort du faible ; mais comme toute faiblesse provient du défaut d'union et du découragement, à peine les Portugais eurent-ils recouvré leur courage et opéré leur réunion, que l'on vit se réveiller cet esprit national qui est l'ame et le salut des peuples. Evora, Beja, et Leyria ma très chère patrie, furent les premières villes qui tentèrent de s'arracher à la tyrannie. Les citoyens mitraillés, les champs dévastés, les habitations saccagées, le sang humain coulant à grands flots, tant de désastres n'ébranlèrent point leur valeur ; et comme aucune force n'est capable d'assujettir un peuple quand il veut réellement être libre, bientôt les envahisseurs tremblèrent au cri de liberté qui retentissait de toutes parts.

Le royaume d'*Algarve* ayant à sa tête l'hono-

---

[1] C'est le temps qu'à duré le gouvernement *intrus*.

rable maréchal Joseph Lopes, fut la première province qui secoua le joug; à son exemple l'intrépide Zagalo, proclame l'indépendance à *Figueira*; les académiciens de *Coimbre* échangent leurs livres contre des armes et volent à la défense de la patrie; les braves citoyens de *Minho* combattent courageusement en faveur de la liberté, de telle sorte qu'en peu de jours une armée régénératrice surgit au centre du Portugal; de tous les points du royaume, c'est à qui accourra pour participer à la glorieuse restauration de la monarchie.

Et quelle fut dans cette circonstance la conduite de *nos amis* les Anglais? Hâtons-nous de le dire pour que le monde nous rende justice: il est de notoriété publique qu'après la fuite du roi, les escadres anglaises ne cessèrent pas de se tenir sur les côtes du Portugal; mais ce que peut-être on ne sait pas généralement, c'est que peu de jours avant leur retraite, ces obligeants alliés, eurent la *généreuse* précaution de démonter nos belles pièces d'artillerie en bronze, soit à Torré Velha, soit dans les autres forteresses, et de les transporter sur leurs navires pour qu'elles ne tombassent pas (disaient-ils) au pouvoir de nos ennemis. Peut-être aussi ne sait-on pas assez que si nous ne recouvrâmes pas plus tôt notre liberté, c'est à eux qu'il faut imputer ce retard.

Combien de fois le maréchal Joseph Lopes, au nom du souverain et de la nation ne demanda-t-il pas des secours à l'amiral anglais sans jamais pouvoir les obtenir! Combien de fois ne le conjura-t-il pas de lui donner au moins de la poudre et des balles!

Combien de réclamations ne furent pas adressées vainement à cet amiral! Maintenant comment concilier cette conduite avec le zèle que les Anglais manifestaient quelques mois auparavant en faveur de la cause de D. Juan VI? Quand les sujets de ce prince voulurent lui conserver la couronne, on leur refusa toute assistance, et quand il fut résolu à les quitter, toute protection lui fut offerte; on alla jusqu'à lui offrir un asyle à Londres!!! N'est-il donc pas bien évident que les Anglais, en 1807, ne cherchèrent qu'à effrayer le roi pour avoir l'occasion de lui tendre les mains et de lui enlever les trésors immenses qu'il emportait? Et qui sait si leurs vues ne s'étendaient pas au-delà de l'équateur?

Dès que l'armée régénératrice fut sortie de Coimbre pour marcher sur la capitale du royaume, on se persuada que le sort du Portugal était décidé, non-seulement parce que cette armée était composée de vingt-cinq mille hommes de troupes régulières, mais aussi parce qu'elle était soutenue par un nombre considérable de guérillas qui déjà, au *Peso de Regoa* et à *Amarante*, avaient battu et dispersé l'ennemi. D'un autre côté les populations se levaient en masse pour se réunir à l'armée, ce qui la rendait beaucoup plus imposante; en sorte que l'ennemi, ayant toutes ses communications coupées et manquant de toute espèce de ressources dans un pays qui s'était ouvertement déclaré contre lui, ne pouvait obtenir le moindre avantage, lors même qu'il fût parvenu à concentrer toutes ses forces. Cependant l'armée libératrice s'avance vers la capitale; c'est alors que les troupes britanniques débarquent subitement, et vont se placer en tête des nôtres! Mais c'est peu pour l'audace et l'orgueil des Anglais, que d'avoir le pas sur nous : ils livrent la bataille de Vimeiro, font le traité de Cintra [1],

---

[1] Village à cinq lieues de Lisbonne.

disposent de leurs prisonniers et des nôtres, et vont même jusqu'à Lisbonne sans daigner s'inquiéter ni des troupes portugaises, ni du général qui les commande!.. La politique des Anglais dans cette occasion se revèle d'elle-même? En premier lieu il ne leur convenait pas de laisser agir les Portugais afin d'avoir toujours le droit de dire qu'ils étaient nos libérateurs ; en second lieu, il ne leur convenait pas non plus que la bataille fût livrée par notre armée, afin de profiter seuls des dépouilles de l'ennemi, et d'arriver ensuite à conclure au nom de la Grande-Bretagne, cette convention honteuse où ils ne s'occupaient que de leurs intérêts. Enfin ce qui leur convenait encore moins, c'était qu'il y eût en Portugal un gouvernement composé d'hommes recommandables ; ce qu'il leur fallait, c'était une régence qui souscrivît à toutes leurs prétentions iniques, et tolérât toutes les insolences des ambassadeurs de l'Angleterre ; voilà pourquoi ils se prêtèrent volontiers au rétablissement de l'ancienne régence, sous la condition expresse, que tous ses actes seraient surveillés de près par un agent anglais ; condition humiliante à laquelle le roi D. Juan VI eut la faiblesse d'adhérer, contrairement à toute espèce de droit public, et à toutes les lois du royaume, d'abord pour ne pas heurter l'opinion des perfides et serviles ministres qui le conseillaient, et aussi pour condescendre aux désirs de sa fidèle et antique alliée!... Stuard fut choisi pour diriger cette grande entreprise, et Beresford eut le commandement en chef de l'armée portugaise, afin de lui enseigner une *nouvelle tactique* militaire, et de faire immédiatement vêtir, armer et équiper les soldats et officiers *tout à l'anglaise*. Ce projet ne tendait rien moins qu'à ruiner nos arsenaux et nos fabriques; puisqu'en se chargeant de nous apporter de chez elle des armes et des vêtements tout confectionnés, l'Angleterre, trouvait l'occasion de nous extorquer des sommes énormes. L'introduction de ces objets ouvrit une large porte à la contrebande puisqu'elle n'était pas soumise à la visite de la douane. Ce n'était pas tout; le maréchal Beresford, investi d'un pouvoir absolu, pouvait remplacer nos officiers par des officiers anglais, et c'est ce qui ne manqua pas d'avoir lieu; de la sorte l'Angleterre croyait tenir sous sa main la force armée portugaise, soit pour en tirer avantage, soit pour la détruire, ce qui se=

rait arrivé si la guerre de la Péninsule eût duré plus long-temps.

Les cruautés exercées par le général Beresford en Portugal, furent si révoltantes ; ses injustices furent si grandes et si manifestes, qu'il sera impossible de les oublier tant qu'il existera un seul Portugais.

Ce ne furent pas là les seuls *bienfaits* dont nous fûmes redevables à *nos amis* les Anglais, pendant la guerre de la Péninsule : ils eurent aussi l'audace de s'emparer par ruse de l'île de Madère, et d'y arborer leur étendard sur les remparts portugais !... Le général Beresford fut chargé de cette *noble* expédition lorsqu'il était encore au service de l'Angleterre.

Durant cette même campagne, les Anglais eurent aussi la *générosité* de sustenter notre armée avec notre argent ; et si quelques misérables Portugais restèrent possesseurs de plusieurs millions [1], pour avoir été leurs agents en Portugal,

---

[1] *O Sampaio*, qui était un négociant d'une fortune très médiocre, est aujourd'hui comte da Póvoa en Portugal, et possède plusieurs millions. Ce marchand de farine montra tant d'habileté dans l'art de multiplier ses capitaux, qu'il parvint à être ministre des finances et lieutenant-substitut du roi D. Juan VI. Néanmoins

combien de milliards de millions ne gagnèrent pas *nos amis* les Anglais !... Partout où ils passèrent, *nos amis*, ils se livrèrent à des atrocités plus grandes, à des violences plus terribles que s'ils eussent été nos ennemis. Plusieurs de leurs officiers se permirent des insultes telles, qu'aucune famille décente ne voulut plus les recevoir, surtout *après dîner*...; et leur chef suprême, ce duc par la grâce de Dieu, que de maux ne nous a-t-il pas causés en laissant arriver l'ennemi jusqu'aux lignes de Lisbonne ! Peut-être nouris=

son administration ne remplit pas l'attente du monarque : cet homme savait mieux multiplier son argent qu'administrer celui des autres; c'est pourquoi ses coffres *s'emplirent* en si peu de temps, et ceux de l'État se *vidèrent*.

O *Troca*, ainsi nommé parce qu'il avait été *troquemules*, c'est-à-dire maquignon. Bien qu'il eût le bon esprit de ne pas vouloir s'élever au-dessus de la classe des *muletiers*, il possède aujourd'hui de si grands capitaux, qu'il a été obligé de faire étayer les appartements où il tient ses coffres, pour que le poids de ses trésors ne fasse pas écrouler les planchers.

Les célèbres *Carquejas*, de misérables bateliers qu'ils étaient, quittèrent le petit *caleçon*, et devinrent de grands messieurs, de grands propriétaires, de riches capitalistes; ils voulurent trancher du grand seigneur, en prenant le surnom d'une des plus nobles familles de Portugal. Toutes ces métamorphoses sont dues à l'influence de la bonne protection anglaise.

sait-il une arrière-pensée, et se proposait-il moins de prendre position pour résister au maréchal Masséna, que de ruiner les deux plus belles provinces du Portugal.

Que d'horreurs, que de disgrâces, que d'afflictions, que de pertes irréparables n'éprouvèrent pas les peuples du Beira et de l'Estramadure, pour avoir suivi aveuglément les ordres de Wellington qui, ayant enjoint à tous les habitants de se retirer en dedans des lignes, fit inutiliser et brûler tout ce qu'il put, sous le prétexte frivole d'enlever à l'ennemi les ressources que pourrait offrir le pays.

Plusieurs personnes, encore existantes, pressentirent de tels désastres ; et beaucoup d'autres qui n'en ont pas perdu le souvenir, avaient deviné les intentions *pures* du noble duc, avant qu'il eût si bien manifesté son *excellent* caractère. Quelle raison pouvait avoir un général aussi distingué que Son Excellence, pour livrer la bataille de Bussaco, sans préalablement avoir occupé la position du *Sardão ?* Ne voyait-il pas que l'ennemi pouvait le prendre en flanc ? Ne voyait-il pas que les routes de *Porto* et de *Coimbre* étaient toutes deux découvertes ? Cette faute et tant d'autres que ce *grand général* commit pendant la guerre de la Péninsule, sont encore aujourd'hui *écrites en bon anglais*, à la honte éternelle du vainqueur de Waterloo!...

L'armée portugaise qui conquit tant de gloire au noble duc, ne fut pas pour Sa Grâce l'objet de la moindre considération; il ne lui laissa pas même un adieu à son départ; mais arrêtons-nous ici, quant à présent, et revenons au général Beresford.

Après avoir terminé la campagne de la Péninsule plus heureusement qu'il ne devait l'espérer, Beresford se voyant le principal agent de l'Angleterre en Portugal, Beresford commandant en chef de la force armée, maître et possesseur d'une grande maison [1], comte de *Trancozo*, marquis de *Campo Maior*, pensa qu'il pouvait être aussi roi de Portugal, ou tout au moins remplacer le roi.... Il s'adressa en conséquence

---

[1] Celle du comte da Ega, dont on s'était emparé sans accorder la moindre indemnité à son propriétaire (*Amigo do Povo*, n° 1).

La Régence puisa dans les coffres de l'État plus de 50,000,000 de reis, seulement pour faire décorer le palais de Saldanha dépendant de la même résidence.

à la cour de Rio-Janeiro, et après avoir long-
temps obsédé le monarque, il obtint une lettre-
patente qui le nommait membre de la régence
de Portugal. A l'instant où le contenu de cette
dépêche transpira, un grand mécontentement
se manifesta à cette cour; ce qui fit que le
roi, mieux conseillé, expédia des ordres exprès à
la suprême Régence de Portugal, pour suspendre
les effets de l'insigne faveur qu'il avait accordée
à l'importunité du généralissime. Ces ordres
ayant devancé le retour de Beresford à Lisbonne,
la Régence ne put donner suite à la lettre-pa=
tente; alors, pour la première fois, ce maréchal
vit son orgueil abaissé; que l'on juge de son
désappointement, lorsque s'étant présenté à la
Régence en grande pompe, dans un *coche* [1] de
la cour, accompagné d'une garde nombreuse, et
s'imaginant qu'il allait décider des destinées du
Portugal, il fut obligé de se retirer confus de
n'avoir pas réussi dans son coupable projet. Les
personnes qui sont bien au fait du caractère
anglais, et mieux encore celles qui connaissent

---

[1] C'est une superbe voiture dont le roi ne se sert que dans les cérémonies extraordinaires.

l'humeur hautaine du maréchal Beresford, peuvent se faire une idée de sa rage et de son désespoir dans un pareil moment!... Il ne renonça pas néanmoins à son entreprise, et attribuant ce revers à quelque intrigue forgée par ses ennemis, il jura de se venger.

Peu de mois après on découvrit en Portugal une conspiration!... Les coupables furent arrêtés, jugés, et condamnés à mort; dans ce nombre se trouva compris le lieutenant-général Gômes Freire, militaire d'un mérite distingué, généralement connu, et fort estimé par les Portugais.

Je ne parlerai pas de la conduite de Beresford dans cette circonstance; tout ce que je puis affirmer, c'est que les Portugais, et particulièrement le peuple de Lisbonne, lui vouèrent une haine si grande en voyant le supplice du lieutenant-général Gômes Freire, et de ses onze compagnons d'infortune, brûlés sur le champ de Sainte-Anne, qu'il serait maintenant impossible de les dissuader qu'il ne fut pas le principal instigateur de cette terrible exécution.

Dès lors le nom de Beresford fut en exécration parmi les Portugais: on ne put plus l'en=

tendre sans frissonner d'effroi. L'horreur qu'il inspirait, fit l'énergie des dignes régénérateurs de 1820, lorsqu'ils proclamèrent la Constitution; car après la catastrophe de l'infortuné Gômes Freire, Beresford étant allé à Londres et de Londres à Rio-Janeiro, avec la ferme résolution de tirer vengeance de l'affront qu'on lui avait fait, il n'était pas difficile de prévoir tout ce que les Portugais auraient à souffrir si ce général parvenait un jour à les gouverner.

Beresford paraît de nouveau à Rio-Janeiro; il y trouve le Roi opposé à ses desseins ; c'est alors que la plus fatale intrigue se machine à cette cour, et que le maréchal, après une grande dissimulation, nombre de suppliques, de sourdes menées et des *dépenses* énormes, obtient, pour prix de ses flatteries, le *mémorable* décret du 29 juillet 1820, par lequel S. M. T. F. le nommait l'unique et véritable lieutenant-général du royaume (*tenente* Rey) pour gouverner et régir le Portugal.

D'après cette seule décision, on peut se faire une idée des bons conseillers et ministres que le roi souffrait à ses côtés, et concevoir quelle était l'influence de la Grande-Bretagne sur la cour de Rio - Janeiro. Beresford était malade lorsqu'il la reçut ; et pourtant il était si empressé de gouverner le Portugal, qu'aussitôt il s'embarqua pour se rendre à Lisbonne, où il arriva le 10 octobre de la même année. Pour être expédié, terminer ses préparatifs de voyage, se disposer à aller régner et traverser un océan de deux mille lieues, il ne lui fallut que soixante et treize jours. A ce terme, il parut à la barre de la capitale du royaume, où très certainement il ne s'attendait pas à la réception qu'on allait lui faire [1].

Le gouvernement constitutionnel venait d'être installé à Lisbonne ; et comme tous les esprits étaient généralement indisposés contre les Anglais et notamment contre le maréchal Beresford qui était à jamais l'objet de l'animadversion du peuple, l'effervescence devint si grande à la nouvelle de son retour, et surtout lorsque l'on eut connaissance de la dépêche qui le nommait lieutenant-général du royaume, que si le gouvernement n'avait pas eu la prudence et même

---

[1] La fatalité voulut que le vaisseau de ligne sur lequel il revint se nommât *le Vengeur*.

la fermeté de lui enjoindre de quitter le port sous vingt-quatre heures, sa vie aurait été en danger [1].

On peut voir, d'après un semblable accueil, la *grande affection* que les Portugais portaient à Son Excellence. Jamais l'opinion générale ne s'était prononcée avec cette vigueur contre un homme ! Les ministres, le Sénat, les Cham= bres [2], les différentes corporations, l'armée et le peuple criaient tous contre le général Beres=

---

[1] Nouvelles officielles. § 1er — « Le même officier (Camel) parla ensuite à lord Beresford, et lui dépeignant sous de vives couleurs l'état de fermentation du peuple, le péril dont sa vie était menacée, et *combien son nom était odieux au peuple et même à l'armée*, lui signifia de nouveau de la part du gouvernement que non-seulement il lui était défendu de débarquer sous aucun pré- texte, mais encore qu'il devait sortir du port sans aucun retard. »

§ 2e — « On disait que le lord était débarqué secrètement. Les uns étaient d'avis que l'on allât aussitôt attaquer sa demeure ; *qu'on se défît de lui et de ses partisans :* d'autres, se prétendant plus modérés, voulaient adresser une pétition au gouvernement pour demander ou que le lord fût expulsé sur-le-champ, ou qu'il fût arrêté et jugé. Ils offrirent d'aller eux-mêmes se saisir de sa personne, ajoutant qu'en cas de résistance, le vaisseau *le Vengeur* serait incendié, etc. »

(*Extrait du premier et deuxième numéro de l'Ami du peuple*)

[2] Je parle des autorités municipales.

ford; tous exigeaient du Gouvernement ou son arrestation immédiate, ou sa prompte expulsion du royaume de Portugal. Pour éviter des troubles, il fut contraint de partir même avant l'expiration des vingt-quatre heures [1].

A qui persuadera-t-on jamais que cet acharnement contre le maréchal Beresford fut l'effet des circonstances, ou la conséquence des nouvelles institutions? Cet acharnement avait une cause toute différente : il était le produit de la haine engendrée par le despotisme que Beresford et ses partisans [2] avaient exercé durant la guerre de la Péninsule, et même après. Cette haine augmenta quand les Portugais surent que Beresford venait de Rio-Janeiro avec le titre de membre de la Régence de Portugal; elle s'envenima extraordinairement après le supplice des martyrs du champ de Sainte-Anne et la mort du lieutenant-général Gômes Freire,

---

[1] Il retourna à Londres sur le paquebot *l'Arabella*. Qui aurait dit à Son Excellence, lorsqu'elle méditait à Rio-Janeiro l'esclavage des Portugais, que ces mêmes Portugais l'expulseraient ignominieusement de leurs domaines?

[2] Les Mosinho, les Lacerdas, hommes ou femmes, les Blunte et autres de la même façon.

dont la perte ne sera jamais trop déplorée ; elle fut portée à son comble et devint implacable au moment où l'on apprit que le roi D. Juan VI l'avait nommé lieutenant-général du royaume de Portugal. Elle devint si terrible à l'aspect du tyran, que, malgré les vicissitudes par lesquelles, depuis cette époque, a passé la monarchie portugaise, elle ne s'est jamais éteinte, ne s'éteindra jamais.

Avant d'aller plus loin, il ne sera peut-être pas hors de propos de faire connaître quelle fut la conduite des Anglais envers la Cour de Rio-Janeiro.

D'après les anciens traités, il était interdit à l'Angleterre, ainsi qu'aux autres puissances, de commercer directement dans nos possessions et par conséquent avec le Brésil. Cependant à peine le roi était-il arrivé à Rio-Janeiro, qu'au mépris des traités, non-seulement les Anglais y allèrent avec leurs navires, mais encore que beaucoup d'entre eux s'établirent dans la capitale ; d'autres demandèrent la permission d'explorer le pays, *et on la leur accorda !* En peu de temps, toutes les places du Brésil furent inondées de contrebande et de marchandises anglaises, et les Por=

tugais se virent bientôt dépouillés de leurs objets les plus précieux et de tout leur or en échange de quelques *guenilles*, sorties des manufactures britanniques [1].

C'était peu pour l'Angleterre d'exploiter à son profit toutes nos possessions, elle ne pouvait être satisfaire que par l'anéantissement de notre marine et la destruction de notre commerce. *Linhares* est porté au ministère par l'influence anglaise; *nos amis* tirent avantage de

---

[1] Le premier soin de la cour de Londres, lorsque D. Juan VI passa au Brésil, fut d'établir un nombre considérable de paquebots (de sa nation) pour transmettre plus commodément à ce monarque les nouvelles de l'Europe; de manière que le 14 septembre 1808, la célèbre convention sur les paquebots était déjà faite. Cependant, comme elle n'était pas tout-à-fait du goût des Anglais, sous le ministère du comte de Linhares, ils en firent une autre, qui fut aussi *avantageuse* que le traité de commerce de 1810, conclu par cet ignorant ministre et par lord Strangford.

Ces paquebots sont entre les mains des Anglais de terribles instruments de dommage. En Portugal et au Brésil, ils ne servirent qu'à soutirer notre or et à introduire la contrebande. Considérés comme bâtiments de guerre, et n'étant pas par conséquent soumis à la visite de la douane, ils peuvent impunément devenir un moyen de fraude. C'est à la faveur de ces paquebots que les Anglais, se livrant à leurs abominables trafics, ont consommé notre ruine.

cette bonne occasion ; ils se prévalent de sa stupidité (ou peut-être de son ambition) ; l'on voit paraître le mémorable traité de 1810, et notre commerce en reçoit une atteinte mortelle [1].

Dès-lors les Anglais, tels que des loups affamés, courent dans tous nos domaines, introduisent partout leurs marchandises falsifiées; extorquent notre or et notre argent; enlèvent nos produits les plus précieux, nos bois de construction, et nous ravissent jusqu'à la liberté, voulant nous rendre esclaves de la Grande-Bretagne.

Il est néanmoins très remarquable que, pendant que cette nation ambitieuse employait toute espèce de moyens pour nous ravir la liberté, elle proclamait l'abolition de l'esclavage ! Quelle était donc l'intention de la Grande-Bretagne ? Je vais essayer de la dévoiler.

Les habitants du Brésil étaient dans cette croyance, qu'ils ne pourraient exister sans esclaves, c'est-à-dire sans esclaves de la côte d'Afrique, pour le service des plantations. Les

---

[1] Je veux dire dans les possessions portugaises.

Anglais sachant combien était ancrée cette opinion erronée, et désirant donner au Brésil un
coup dont il ne se relèverait pas, prirent le prétexte de cette philanthropie [1], qui est leur hypocrisie habituelle, pour décréter arbitrairement
l'abolition de l'esclavage ; un délai était fixé,
après lequel il n'était pas permis d'acheter des
esclaves dans le nord de l'équateur, ni même
une fois qu'ils avaient été pris dans les ports
prohibés, de les transporter au Brésil, sur des
navires portugais, sous peine de voir les dits
navires et les esclaves considérés comme *bonne
prise ;* une telle mesure devait évidemment
causer un très grand préjudice à la nation portugaise. Les *Bahianes* surtout allaient en
éprouver des pertes incalculables, puisque, étant
accoutumés de faire la traite sur la côte de Mina,
ce trafic était leur principale ressource : il leur
devenait impossible d'y renoncer, aussi armè-
rent-ils en guerre un nombre considérable d'embarcations au moyen desquelles ils continuèrent
d'aller chercher des esclaves sur cette côte.

---

[1] Quels philanthropes ! D'un côté, ils veulent rendre libre un peuple esclave, et de l'autre, ils veulent étouffer la liberté.

Plusieurs échappèrent à la rigoureuse croisière anglaise qui se trouvait dans ces parages; d'autres combattirent courageusement contre elle; mais beaucoup furent capturés par *nos fidèles amis!*....

La bonne protection anglaise ne s'en tint pas là!... Au moment où le roi de Portugal, pour faciliter le commerce de *Rio da Plata*, et défendre ses possessions des incursions et pillages que faisaient les républicains de Buénos Aires, maintenait la guerre contre ces derniers, les Anglais, bien qu'ils fussent en paix et en amitié avec nous, eurent la *générosité* de leur prêter toute l'assistance possible, en leur procurant à prix d'argent tous les moyens de combattre nos troupes et en reconnaissant l'indépendance de la nouvelle république.

Aussitôt que la campagne de la Péninsule fut terminée, les Anglais firent une tentative qui, bien qu'elle n'ait eu aucune conséquence fâcheuse pour la couronne de Portugal, ne mérite pas moins de tenir sa place dans l'histoire de leurs méfaits.

Le roi D. Juan VI était à Rio-Janeiro, et n'avait pas le moindre désir de retourner en Por=

tugal, lorsqu'une escadre anglaise arriva dans le port de cette ville pour chercher S. M. et la conduire dans ses possessions d'Europe ; ce qu'il y eut de plus plaisant dans cette intrigue, c'est que les Anglais eurent l'impudence de dire que le roi avait supplié la cour de Londres, de lui envoyer cette escadre ; mais S. M., instruite de cette touchante prévenance de la part de l'Angleterre, déclara qu'elle n'avait pas demandé un semblable secours : malgré cette déclaration et le refus formel de S. M., on ne fit pas moins jouer toute espèce de ressorts pour l'obliger à accepter ce grand *service* : ce fut en vain ; le roi demeura ferme dans sa résolution, et *nos amis* furent contraints de s'embarquer et de sortir du port par ordre de notre gouvernement.

Ce fait, que ne prouve-t-il pas encore ? Il montre l'audace avec laquelle les Anglais s'immiscèrent dans tout, et ne manifeste que trop le désir qu'ils avaient de ramener le roi en Europe, peut-être pour profiter de l'indépendance du Brésil, qui, suivant l'opinion la plus probable, était, ainsi qu'on a pu s'en convaincre depuis, une conséquence immédiate de ce départ.

Pendant six années consécutives, les Anglais manœuvrèrent pour faire sortir du Brésil le roi D. Juan VI; et sans doute ils désespéraient de parvenir à leurs fins, lorsqu'en 1821 ce prince se rendit en Portugal sur la réclamation des Cortès, qui s'étaient persuadé que sa présence devenait indispensable pour affermir la Constitution.

Les Anglais se réjouirent de cet événement, cependant comme l'héritier du trône de Portugal restait au Brésil, et qu'ils ne pouvaient réaliser leurs intentions à l'égard de ce pays, sans un éclat scandaleux, ils adoptèrent un nouveau système qui consistait à démembrer la monarchie Portugaise; et c'est alors que l'on vit la guerre allumée entre le Portugal et le Brésil. Si les Anglais ne furent pas les principaux moteurs de cette fatale guerre, ils concoururent du moins de tout leur pouvoir à animer les Brésiliens contre les Portugais; ils protégèrent ouvertement leur cause; reconnurent leur indépendance et obligèrent le roi de Portugal à accepter et ratifier un traité honteux, qui, comme l'expérience l'a malheureusement démontré, devait plonger la nation dans un abyme de maux.

Ils concoururent à animer les Brésiliens contre les Portugais, en répandant de fausses nouvelles dans tout le Brésil, surtout à Rio-Janeiro, et en excitant les partis afin de profiter du désordre; tandis qu'ils étaient en paix et entretenaient des relations amicales avec le Portugal. Ils protégèrent ouvertement la cause des Brésiliens en leur fournissant des armes, de l'argent, des embarcations, des marins, des officiers, et jusqu'à un amiral pour nous faire la guerre [1].

---

[1] Une lettre de Rio-Janeiro du 8 avril annonce que le 13 mars suivant, lord Cochrane, embarqué sur le brick *C. Allan* de Valparaise, arrivera dans ce port pour prendre le commandement en chef de l'escadre brésilienne. Dans la journée du 15, on mit l'embargo sur tous les navires qui étaient en rade.

Le bâtiment *Lapwing*, appartenant à S. M. B., arriva le 16 suivant : il était parti de Londres avec quarante-trois marins. Le 17, l'amiral Cochrane prit le commandement de l'escadre brésilienne. Le 24, arriva le navire *Lindsays*, parti de Liverpool avec cent quarante-quatre hommes, tous Anglais, qui entrèrent au service du Brésil. Le 7 avril, on envoya un vaisseau, une frégate, deux corvettes et une goélette pour bloquer Bahia. Le 10, le capitaine Taylor (Anglais) devait accompagner le lord avec une frégate, un brick et plusieurs brûlots. A bord du vaisseau amiral il y avait trois cents marins anglais, et on en attendait à Rio-Janeiro soixante, qui devaient s'embarquer sur un paquebot brésilien, et cent cinquante autres sur le navire *Lindsays*. La fré=

A *Bahia de Tous les Saints*, ainsi que dans l'océan Atlantique, ils firent feu sur notre pavillon.

Les Anglais reconnurent l'indépendance des Brésiliens parce que c'était le moyen de diviser et d'affaiblir la monarchie Portugaise, ainsi que l'empire du Brésil.

Ils obligèrent le roi de Portugal à accepter et ratifier un traité honteux, contradictoire, illégal, monstrueux [1], afin de précipiter le Portugal et le Brésil dans un tel embarras, qu'ils ne leur fût plus possible de recouvrer la tranquillité ni d'être délivrés du joug de l'Angleterre....; car si au premier aspect ce traité paraissait favoriser le Brésil, après un examen attentif, on ne tardait pas à s'apercevoir qu'il était en tout contraire à ses intérêts.

Le Brésil voulut être indépendant, et il eut raison, ce qu'il voulait était de toute justice [2].

---

gate *Nythrohi*, de trente-six pièces et trois cent dix-huit places, et le brick *Nightyngale*, de dix-huit pièces et cent seize places, faisaient aussi partie de l'escadre brésilienne (*Étoile*, n° 6).

[1] Voir le document n° 6.

[2] Il y a une maxime qui dit que : *Quand un peuple veut être libre, personne n'a le droit de s'opposer à son émancipation.*

Mais si cette indépendance eût été valable sans que le Portugal eût été consulté; si elle eût été valable sans que le Portugal l'eût reconnue, à quoi bon un semblable traité? Dans ce cas, son effet est non-seulement négatif à l'égard du Brésil, mais encore il est humiliant pour cette nation. Si le Brésil ne pouvait pas devenir indépendant sans que son indépendance fût sanctionnée par le Portugal, et proclamée d'accord avec lui, il est évident que ledit traité ayant été conclu sans l'agrément de cette puissance, devient nul en ce qu'il est l'ouvrage d'un étranger; et il est humiliant pour le Brésil, en ce qu'il a été obligé de contracter sous une autorité n'ayant pas qualité pour une telle négociation, qui ne pouvait être que de la compétence des diplomates portugais légalement autorisés à cet effet.

Il est *contradictoire* et *monstrueux*, en ce que, si par le même traité, on prétend perpétuer l'indépendance du Brésil, et son entière séparation de l'ancienne métropole, on ne saurait conférer le droit de succession, le droit de légitimité, et le droit héréditaire de la couronne de Portugal à un prince que ce même traité doit faire considérer comme étranger.

On alléguera que, dans ce traité, il n'est pas un seul article qui reconnaisse au prince D. Pedro le droit de successeur légitime, et d'héritier de la couronne de Portugal, avec ses dépendances; que loin de là, dans l'art. 3, il est déclaré que S. M. impériale, le même prince, *promet de ne point accepter de propositions d'aucune colonie étrangère pour se réunir à l'empire du Brésil*. Je ne disconviens pas de la vérité de ces allégations; mais je ferai observer que ce traité s'étant basé sur la loi du 13 mai 1825, dans laquelle le roi D. Juan VI déclare expressément que D. Pedro d'Alcantara, son auguste fils, est héritier et successeur des royaumes de Portugal et Algarves, et que ladite loi y ayant été mentionnée, approuvée et ratifiée, il est évident que par ce seul fait il a été décidé, convenu et arrêté que D. Pedro d'Alcantara conservait le droit légitime de succession à la couronne de Portugal.

Halte là, me dira-t-on, quelle erreur est la vôtre! Ne voyez-vous pas que vous retombez dans une contradiction manifeste? Ne savez-vous pas que, d'après la loi fondamentale de la monarchie, le premier-né des rois de Portugal est le successeur du trône portugais? Fallait-il par hasard que cet ancien droit lui fût conféré de nouveau par les étrangers? Fallait-il qu'un Anglais lui concédât une chose qui lui appartient d'une manière incontestable? Mais comment admettre que le chef d'une nation étrangère, qui à la face du monde a promis de n'accepter aucune proposition de la part d'une colonie portugaise, puisse être le même que le ministre anglais reconnaît comme légitime successeur de la couronne de Portugal? Ce serait vouloir et ne pas vouloir; ce serait faire un prince national et étranger tout à la fois; ce serait ouvrir le plus vaste champ aux contestations; ce serait provoquer la jalousie, la défiance et la discorde entre Brésiliens et Portugais; ce serait planter le germe de la guerre civile; ce serait enfin vouloir anéantir les deux États ensemble. Eh quoi! répondrait-on à ceux qui raisonnent ainsi, vous en êtes encore à connaître les *bonnes* intentions de nos fidèles et anciens alliés? Pouvez-vous ne pas avoir aperçu la perfidie avec laquelle ils ont forgé ce traité? Ignorez-vous que cette race amphibie est pire que la race infernale des Jésuites, et que tous les maux qui ont affligé et qui affligent le monde entier sont l'ouvrage de l'Angleterre? Voyez comment un célèbre écrivain [1] portugais dépeignait le caractère des Anglais lorsque, en 1803, ils recommencèrent la guerre :

« Qu'il foule sous ses pieds les droits sacrés
» des nations, ce peuple marchand, artisan de
» guerres atroces, auteur de noirs attentats;
» qu'il immole la bonne foi à sa cupidité et viole
» l'honneur pour assouvir son vil intérêt; qu'il
» étale aux yeux de l'univers sa soif insatiable
» de l'or, sa fureur de dominer, qu'il érige
» à son gré l'injustice en vertu, et que dans
» son orgueil, il se proclame le souverain des
» mers !...

» Que plus coupable encore, il opprime sous
» son sceptre insulaire ce royaume de Mysore si
» fécond en diamants, ces iles éparses qui voient
» tour à tour le soleil à son aurore et à son
» déclin, et ce vaste Gange aux rives lointai=
» nes!.... Pirate audacieux! Il se prétend l'ar=
» bitre du monde parce que toutes les mers
» sont couvertes de ses flottes, etc. »

---

[1] *Filinto Elisio*, ode III, traduction de M. Sané, poésies lyriques portugaises, pag. 259.

Voici maintenant de quelle manière s'exprimait il y a huit ans, M. de Rienzi alors en Angleterre :

« De 1792 jusqu'à ce jour (il y a 30 ans),
» le cabinet de Saint James s'est montré le plus
» infâme de tous les gouvernements; couvert du
» sang d'un milliers de victimes illustres d'Europe, du sang de ses propres vassaux ; c'est
» lui qui ordonna, paya, causa ou exécuta la
» plus grande partie des grands crimes, des injustices révoltantes et des guerres destructives
» qui, si long-temps dévastèrent notre Europe
» misérable et pulvérisée. Mais à travers tant de
» crimes, de fautes et d'injustices, un patriotisme
» désintéressé et des ressources immenses honoraient *Pitt*; les vertus publiques et la philanthropie brillaient dans *Fox* ; de vastes connaissances et une grande activité distinguaient
» le marquis de *Wellesley* ; la tolérance et la
» modération étaient le partage de *Canning*.
» Aujourd'hui les monstruosités et les fautes
» signalent chaque jour le ministère anglais ;
» et si l'on excepte le juste M. *Vansistard* et
» l'honorable *F. J. Robinson*, l'illustre et immense empire britannique, au lieu d'être dirigé

» par des hommes d'État, ou du moins par des
» hommes probes, est abandonné à trois his=
» trions, dont les mains perfides ont creusé le
» précipice qui menace de l'engloutir. Le pre-
» mier est le *fameux* marquis de Londonderri,
» ministre courtisan, inhabile et vindicatif; le
» deuxième, est l'oppresseur de Napoléon, le
» lâche, le cruel, le tartufe Bathurst; et le
» troisième le prince de Waterloo, l'ambitieux
» Wellington, général indolent, indécis et
» despote. »

C'est au sein de la Grande-Bretagne que se forgent les chaînes destinées à retenir dans l'esclavage tous les peuples du monde. C'est dans ce repaire qui recèle des monstres insatiables d'or et de sang qu'ont été élaborés et que s'éla=borent encore tous les projets dont l'accom-plissement désole l'humanité : c'est parmi ces forbans qu'a été conçue la pensée de cette domi=nation universelle, que, pour notre malheur, leur ambition poursuit avec tant d'acharnement. Est-il un seul État, une seule puissance qui ait été à l'abri de leurs attentats ? O vous qui par une longanimité sans excuse, refusez de croire à tant de perversité, répondez-moi, qui vola vos escadres ¹ ? qui envahit vos domaines ² ? qui fit couler le sang de vos frères ³ ? qui saccagea vos places au lieu de les protéger 4 ? qui eut l'infamie de brûler des vaisseaux sous pavillon allié 5 ? qui se livra aux plus grandes pirateries sur toutes les mers 6 ? qui s'empara de vos îles 7 ? qui ruina votre commerce ? qui conduisit enfin, et conduit encore l'univers jeté dans le dédale d'une abominable politique, si non les Anglais ? Ces imputations faites

---

¹ Toutes les marines de l'Europe ont contribué à l'accroissement de la marine anglaise. Les vaisseaux construits à nos frais leur appartiennent aujourd'hui par un droit incontestable, celui du plus fort.

² A titres d'amis et de protecteurs, ils s'introduisirent partout.

³ Toutes les puissances ont été leurs victimes, particulièrement la France, l'Espagne et le Portugal.

4 Badajoz, Ciudad-Rodrigo, Saint-Sébastien, Vittoria et beaucoup d'autres places d'Espagne *furent saccagées par les Anglais qui venaient pour les protéger.*

5 Pour avoir brûlé des navires français près d'Algarve, les Anglais furent obligés de donner satisfaction au Portugal.

6 *Lisez* les campagnes navales de l'Angleterre.

7 La plus grande partie des îles est au pouvoir des Anglais.

à l'Angleterre reposent sur des faits si nombreux et si publics que, pour douter de leur existence, il faudrait être aveugle.

Portons encore une fois nos regards sur notre malheureux Portugal. J'ai déjà dit que, pour parvenir plus sûrement à consommer la ruine de ce pays, l'Angleterre envoya en 1827 une armée à Lisbonne, sous le vain prétexte d'aider le gouvernement à mettre en vigueur les sages institutions décrétées par S. M. D. Pedro IV dans sa Charte constitutionnelle du 29 avril 1826 ; reste à démontrer cette vérité d'une manière évidente.

Les troupes dès leur débarquement, n'eurent rien de plus pressé que de s'emparer des forteresses du port de Lisbonne. Ce procédé mécontenta les habitants de cette ville, qui n'avaient pas oublié la conduite de nos amis en 1807, et même pendant le cours de 1808 jusqu'en 1814, époque où se termina la guerre d'Europe; mais comme ni les Cortès, ni le Gouvernement n'hésitèrent pas à leur livrer les clefs du royaume, elles restèrent en leur pouvoir jusqu'au moment où il leur plut de se retirer.

Durant le séjour de ces auxiliaires, nos pro=

vinces furent entièrement dévastées par les re=
belles ; le sang des Portugais répandu de la
main des traîtres coula par torrents ; il y eut
nombre de combats, d'assauts, de capitula=
tions. A quoi se borna alors l'intervention de
nos amis? Après avoir fait un petit mouvement
dans l'Estramadure, tranquilles spectateurs, ils
se contentèrent d'observer de loin ces horribles
scènes, sans jamais faire la moindre démons=
tration pour y mettre un terme. Enfin le tyran
sanguinaire du Portugal arriva à Lisbonne, et les
embarcations anglaises retournèrent à Londres.

Les Portugais voyant que leurs fidèles alliés
avaient tourné le dos dans une occasion des
plus importantes, que même ils n'avaient pas
brûlé *une seule amorce* en faveur de leur cause
sacrée, que tant et tant de fois ils avaient pro=
testé de défendre, furent tellement irrités contre
nos amis, que le régiment qui s'embarqua le
dernier fut forcé de se tenir constamment sous
les armes pour ne pas être assailli. Que sont-ils
venus faire ici ces hommes, disaient tous les
Portugais ; il y a là trahison ! il y a là per=
fidie !...

La vérité est qu'ils se retirèrent ; que les con=

stitutionnels furent dangereusement compromis, et que le tyran, le cruel D. Miguel, resta maître absolu.

N'est-ce pas le comble de la déloyauté et de l'insolence de se jouer ainsi d'une nation entière? Ah! pervers, si tous les Portugais vous connaissaient et vous aimaient autant que moi, ils ne vous laisseraient certainement pas exercer autant de perfidies.

Dites-moi, n'est-il pas vrai que vous nous envoyâtes votre armée pour nous aider à défendre la Charte et la légitimité? Vos écrivains, vos ministres, vos généraux et vos ambassadeurs [1], n'annoncèrent-ils pas hautement ce dessein; et c'est de la sorte que vous avez protégé votre allié? Et c'est en livrant les victimes aux mains du *bourreau* que vous prétendiez garantir nos droits! Si vos promesses n'étaient pas fallacieuses, pourquoi vos bataillons se seraient-ils retirés au moment où ils nous devenaient le

---

[1] L'ambassadeur britannique près de S. M. I. et R. à Rio-Janeiro, ainsi que sir A'Court, en Portugal, déclarèrent solennellement que leur souverain avait la ferme résolution de faire maintenir le droit de légitimité..... Quel fut le résultat de ces belles promesses?

plus nécessaires? Infâmes! c'est bien là un trait de votre caractère.

Pour confirmer ce qui vient d'être démontré, il suffit de rappeler la conduite de l'Angleterre au moment où le tyran de Portugal consomma son usurpation; elle fut telle que je m'y étais attendu de la part d'une nation qui n'est satisfaite qu'en provoquant le désordre! En dépit des in= sultes faites par le *tyran* aux troupes anglaises, de celles que reçut l'ambassadeur d'Angleterre au Palais-Royal; malgré les violences exercées contre un nombre considérable de négociants anglais résidant à Lisbonne, ainsi que contre plusieurs officiers de marine commandant les embarcations anglaises qui étaient mouillées dans le Tage; malgré l'attentat commis contre le bateau à vapeur le *duc d'Yorck*, dès l'instant que le tyran se fut déclaré usurpateur, on vit l'orgueilleuse Angleterre fermant les yeux sur tous les affronts qu'on venait de lui faire, com= mencer à protéger ouvertement celui qui l'avait si grièvement offensée. Cette même An= gleterre après avoir aussi indignement méconnu la légitimité de D. Maria II, se proclame de nouveau la protectrice de cette princesse; puis mettant bientôt en oubli une protestation des plus solennelles, elle reconnaît le blocus de Porto et de l'île de Madère, qui avait été décrété par l'usurpateur; enfin, c'est de Londres que sortirent les ministres, les généraux et les officiers portugais qui se rendirent dans la ville de Porto; et au moment où l'on croyait que de concert avec l'Angleterre, on pourrait imprimer un élan favorable à la cause de la légitimité, tout fut perdu et se bouleversa comme par un effet magique inexplicable. L'armée constitutionnelle se trouva dispersée; la suprême régence qui jusqu'alors avait défendu la légitimité, fut déclarée illégale et séditieuse; les citoyens les plus honorables furent compromis ou sacrifiés, les ministres et les généraux retournèrent en Angleterre; l'île de Madère céda au pouvoir de la force; les soutiens de la légitimité furent déclarés traîtres à la patrie; des échafauds furent dressés partout, et l'horrible monstre sanguinaire tressaillit de joie au milieu de tant de carnage. L'Angleterre se déclara en sa faveur; des paquebots furent établis, et toutes les nouvelles lui furent envoyées de Londres. La légitimité est mise en question!... le blocus des îles des Açores est reconnu, et pour mettre le comble à tant de perfidies, tandis que les Anglais accueillent à Londres la jeune reine de Portugal, les vaisseaux de *guerre* que cette nation avait envoyés dans l'Océan font feu sur les défenseurs de la légitimité qui étaient sans armes, et les empêchent de se réunir aux braves insulaires, dignes imitateurs de leur fidélité. Cette conduite est la plus atroce, la plus inique et la plus insolente que l'Angleterre ait jamais tenue ; elle seule était capable de pareils forfaits ! A Londres on promettait protection et amitié à la souveraine légitime du Portugal ; aux Açores on mitraillait les fidèles sujets de cette auguste princesse ; en Portugal on protégeait un tyran-usurpateur ; à Rio-Janeiro on jurait amitié éternelle au souverain légitime du trône usurpé !... Lorsque le Brésil n'était pas encore indépendant, des subsides lui furent comptés pour faire la guerre au Portugal ; et aujourd'hui que le Portugal a vu périr ses dernières ressources, on exige de l'empereur un prompt remboursement, ou s'il refuse, on l'oblige à souffrir la violence d'un blocus !... Voilà la loyauté de l'Angleterre, voilà des effets de la bienveillance de *notre fidèle et*

antique alliée!... Et le masque de l'imposture
ne tombera pas? et l'on se fierait encore aux
promesses d'une nation traître et faussaire?...
Peuples de l'univers, ouvrez les yeux, et voyez
le misérable état où se trouve réduite ma patrie
pour s'être laissé prendre à des caresses affec=
tées et à des protestations mensongères ; voyez
les maux qu'elle a soufferts et qu'elle souffre
encore ; voyez les pertes énormes qu'elle a faites;
voyez les vols nombreux dont elle a été victime,
et si vous voulez échapper à un sort aussi fu=
neste, redoutez l'amitié de la Grande-Bretagne!
Et vous, ô Portugais des quatres parties du
monde, si à la vue de tant de preuves vous
n'êtes pas encore convaincus que les Anglais
ont causé la ruine de notre malheureuse pa=
trie, mourez esclaves de leur tyrannie; moi,
je les connais assez!... Ils me seront éternelle=
ment odieux [1] !!!

---

[1] Un des plus illustres Anglais avait voué une haine implacable à la nation française, contre laquelle, dans tous ses discours
au Parlement, il ne cessait de demander la continuation de la
guerre ; cet Anglais était l'immortel Pitt. Cette haine qu'il portait
aux Français n'était que le résultat de son éminent patriotisme,
et moi aussi je suis patriote, et voilà pourquoi je n'ai pu tou-

jours parler sans indignation de cette Angleterre, qui a fait et fait encore tant de mal à mon pays. Je n'en suis pas moins convaincu que dans la nation anglaise il y a des gens très recommandables et du plus beau mérite; ceux-là ont toute mon estime : je ne m'attaque qu'aux mauvais Anglais et à leur abominable gouvernement.

DOCUMENTS AUTHENTIQUES.

DOCUMENTS AUTHENTIQUES,

DOCUMENT N° 1ᵉʳ.

DISCOURS

Du Président de la Municipalité de Rio-Janeiro, en mettant sous les yeux du Prince Régent la Représentation que lui adresse le peuple, dans le but d'obtenir une Assemblée générale du Brésil.

Prince,

Si la suprême loi du salut de la patrie a exigé que Votre Altesse Royale restât au milieu de nous pour la conserver unie, cette même loi exige aujourd'hui la convocation, dans cette capitale, d'une assemblée générale des provinces du Brésil ; car, bien que voyant en Votre Altesse Royale le centre de leur union, elles concourent à former autour d'elle un seul tout indivisible, elles éprouvent un manque de direction, de confiance et de sécurité, qu'un corps représentatif brésilien peut seul leur donner.

C'est avec l'intime conviction de ces vérités profondes, et prêts à tout sacrifier pour la patrie, que nous nous empressons de mettre sous les yeux de Votre Altesse Royale la juste représentation du peuple de cette capitale, qui ressaisissant ses droits imprescriptibles, en son nom et en celui des provinces coalisées, veut et demande que Votre Altesse Royale daigne ordonner la réunion, dans cette ville, d'une assemblée générale des provinces du Brésil, représentées par un nombre suffisant de députés, nommés par de nouveaux électeurs de paroisses, choisis par le peuple et revêtus, à cet effet, de pouvoirs spéciaux; députés dont les attributions seront de délibérer en séance publique, sur les justes conditions auxquelles le Brésil devra rester uni au Portugal; d'examiner si la Constitution qu'élaborent les Cortès générales de Lisbonne, devra être adoptée tout entière par le Brésil, ou seulement sur les bases décrétées là-bas et jurées ici ; de déterminer les modifications, corrections et changements, à l'aide desquels cette Constitution devra être acceptée et jurée au Brésil.

Et parce que le Brésil ne peut être ni tranquille ni florissant sans un corps législatif national, ladite assemblée générale, dès qu'elle sera installée, entrera dans l'exercice du pouvoir législatif, qui est de l'essence de la souveraineté du Brésil.

L'assemblée générale ouvrira ses séances dès que seront réunis, dans cette capitale, les deux tiers des députés des provinces fédérées.

Relativement aux provinces du Brésil qui ne sont pas encore fédérées, mais dont on attend la complète adhésion, l'article 21 des bases de la Constitution continuera à leur être applicable.

Ladite assemblée générale s'occupera de correspondre par écrit avec les Cortès de Lisbonne, afin de maintenir entre le Brésil et le Portugal, l'union que le Brésil désire conserver.

L'assemblée générale, aussitôt son entière réunion, désignera le lieu où devra être le siége de la souveraineté brésilienne.

Voilà, prince, quels sont les vœux du peuple de cette capitale, et ces vœux sont ceux de tout le Brésil.

Et qui ne sent l'importance de cette mesure? Que l'on considère le Brésil d'après ses relations politiques avec le Portugal, ou d'après celles de ses provinces entre elles, la nécessité de convoquer une assemblée générale dans cette capitale, se présente de toutes parts avec urgence.

Jetons les yeux sur le Portugal; qu'y voyons-nous? Un affreux tableau de politique erronée... des discours téméraires, audacieux, outrageants pour la dignité du Brésil..., des décrets injustes... et l'esprit hostile des ordres du gouvernement de Lisbonne, source fatale de plaintes et de méfiances de la part des Brésiliens offensés! Ah! s'il était possible de tirer sur tout le passé un voile d'un oubli éternel! mais on ne peut se dispenser, prince, d'offrir à nu la vérité, quand il ne s'agit de rien moins que du salut de la patrie.

Le Brésil fut aussi prompt à s'abandonner aveuglément à la direction de ses frères de Lisbonne, preuve la plus incontestable de son excessive bonne foi, qu'il se montre aujourd'hui irrité de la perfidie dont quelques-uns d'entre eux ont voulu user envers lui.

Et comment, prince, le Brésil pourra-t-il oublier que le premier décret du 29 septembre, confiant seulement à ses provinces le gouvernement civil, économique et administratif, et gardant la force armée à la disposition immédiate du Portugal, cache le sinistre projet de le diviser et de le désarmer, pour le réduire à l'ancien état de colonie et d'esclavage ?

Comment le Brésil pourra-t-il oublier que le Portugal, par le deuxième décret de la même date, a voulu lui ravir, dans la personne de Votre Altesse Royale, son centre d'union, d'activité et défense ?

Comment pourra-t-il oublier, prince, que le souverain congrès lui a refusé le même centre d'unité, ainsi que toute délégation du pouvoir exécutif en ce royaume ? Et quand le Brésil espérait que cette dernière demande lui serait accordée sans la moindre opposition, avec quelle surprise n'a-t-il pas entendu certains illustres députés soutenir qu'elle ne pouvait l'être, parce que le pouvoir exécutif n'est pas de nature à être délégué? Exista-t-il jamais rien d'aussi absurde? Et ce blasphème du droit public serait-il par hasard une erreur involontaire causée par l'ignorance complète de ses principes? Le Brésil sait que non, et en y pensant, il reconnaît fort bien que ce ne fut qu'une maxime de perfidie raffinée, mise en avant dans le seul but bien avéré de le reduire en esclavage!

Et comment le Brésil verra-t-il avec indifférence que le Portugal, sans le concours des députés américains, regarde comme décidée l'importante question du siége de la monarchie, comme si le Brésil n'avait pas un droit égal, si non plus grand, à prétendre qu'il fût irrévocablement fixé au cœur de son vaste, riche et puissant empire?

Comment le Brésil verra-t-il de sang-froid que le souverain congrès perde de vue la nécessité, dans ce royaume, d'un corps législatif national? Pourrait-il, sans ce corps indispensable, se maintenir et prospérer? Est-ce que par hasard ce serait du congrès de Lisbonne que pourrait venir aux provinces du Brésil les plus éloignées, le prompt secours de ces lois sages qui doivent donner la vie à sa population, à son agriculture, à son industrie, à ses arts, à sa navigation et à son commerce? Et seraient-ils propres à les rédiger comme elles doivent l'être, ces députés qui ne connaissant, comme ils l'avouent eux-mêmes, le Brésil que par la carte, rejettent toutes les motions des députés de ce royaume, s'ils se hasardent parfois à défendre les droits méconnus de leur patrie, et qui les battent toujours quand vient l'instant des votes, parce qu'ils sont en plus grand nombre? Malheur à toi, Brésil, si tu ne veillais pas; tes droits ne seraient jamais respectés.

Mais ce ne sont pas encore là toutes les plaintes du Brésil. Il se rappellera toujours avec indignation que le Portugal a voulu faire revivre l'empire injuste de son ancienne seigneurie, en appelant à Lisbonne la décision de toutes les grandes affaires de la monarchie, et la nomination de tous les emplois civils et militaires, honorifiques et lucratifs.

Et par quel principe de libéralisme la nation portugaise est-elle intéressée par hasard à ce que le gouvernement de Lisbonne garde dans sa main fermée les brevets de tous les emplois du Brésil? Non, certainement, loin qu'il y trouve son intérêt, il n'en peut résulter pour lui que du dommage ; car le véritable intérêt d'une nation libre exige que tous les citoyens jouissent, dans une égalité bien entendue, des plus grands avantages possibles, principe qui ne s'accom= mode guère avec la dure loi d'obliger les citoyens du Brésil d'aller, à travers un océan de deux mille lieues, solliciter à Lisbonne les emplois qu'ils doivent remplir à Rio-Janeiro, pour re= venir dans leur patrie après plusieurs mois de fatigue, de dépenses et de refus, plus pauvres qu'ils n'en sont partis, et presque tous sans leurs brevets, comme le savent fort bien par leur propre expérience de trois siècles, la plupart de leurs frères de Portugal, qui eurent si long-temps à jouer le déplorable rôle de solliciteurs dans notre capitale.

Et si ce n'est pas là le seul partage des Brési= liens, qu'ils paraissent donc sur la liste des emplois publics les noms de ceux qui ont exercé des fonctions au ministère de Lisbonne, au conseil d'État, dans le corps diplomatique ou même dans les commandements militaires des provinces du Brésil.

Mais détournons, prince, détournons au plus

tôt les yeux de ce spectacle d'opprobre et de scandale. Déjà avec douleur ils ont aperçu à Madeira, cet Européen qui, promu au grade de maréchal de camp, par une fausse déclaration d'ancienneté qu'il n'avait ni ne pouvait avoir, se servit de cette ruse pour ravir le commandement des troupes de Bahia à un brave Brésilien, ancien maréchal de camp! Où trouver plus d'arbitraire? O constitution! ô justice! ô loi! où êtes-vous? qui suspend votre vengeance? Mânes sacrés des martyrs de Bahia, salut! Quel fut votre crime? la liberté du pays qui vous avait vus naître; votre sang l'a expiée! Vous avez été massacrés et vos cadavres ont été outragés, foulés aux pieds, avilis.... O Brésil trop offensé! Voilà, prince, le funeste résultat d'une démarche que l'ancien despotisme, malgré toute son exaltation, n'eût jamais osé entreprendre.

Peut-être que le Brésil oubliera un jour tous ses motifs de plaintes; car des différends entre frères peuvent aboutir quelquefois à une réconciliation amicale, mais jamais à une haine invétérée. Le Brésil aime de cœur ses frères de Portugal; mais comment ne se souviendrait-il pas que le gouvernement de Lisbonne lui a déclaré la guerre en faisant la défense d'importer dans son sein des munitions, ainsi que le consul Portugais, à Londres, l'a officiellement intimé à M. Bonnet, secrétaire des assurances de cette place?

Que signifie cette conduite, ô Portugal? dans ton décret du 29 septembre, tu pensais déjà nous ravir tout moyen de défense, en plaçant sous tes ordres immédiats notre force armée et la tienne.... Ensuite tu nous envoyas de nou= velles baïonnettes que nous ne demandions pas.... Tu ordonnas qu'on enlevât de ce corps sa meilleure artillerie! Et maintenant tu défends aux nations d'importer des munitions de guerre dans nos ports! O Portugal, quel est ton délire! Réveille-toi ou tu te perds! Saisis au plus tôt les armes de la raison, de la justice, de l'égalité s'il en est encore temps.... Peut-être arriveras-tu trop tard !

Peuples de la terre, soyez les fidèles témoins de la bonne foi du Brésil et de la conduite irré= gulière du Portugal! Si la rupture a été provo= quée par ce dernier peuple, la reaction dans le premier en a été le résultat nécessaire.

Oui, le Portugal veut la séparation, puis=

qu'il persiste fortement dans le projet de diviser le Brésil pour le dominer. Nous n'en voulons d'autre preuve que l'avis de la commission spé= ciale des affaires politiques du Brésil. Cette commission qui n'est que l'écho de l'esprit du congrès, n'a trouvé d'autre remède à la division dont se plaint le Brésil, que l'augmentation du même mal. Elle a bien reconnu que ce royaume voulait un centre unique d'action, et que son intégrité était universellement jugée nécessaire; mais elle a cru tout concilier en lui accordant un nombre de centres d'union égal à celui des provinces qui désiraient se séparer.

Et qui découvrira la moindre bonne foi dans des décisions aussi contraires ? Dans les séances des 11 et 13 février, on rejeta la demande d'une délégation du pouvoir exécutif que réclamait le Brésil, parce que ce pouvoir, disait-on, ne pouvait être délégué ; et le 18 mars, non-seulement on admit la possibilité d'une délégation de ce même pouvoir telle qu'elle convient à l'unité du Brésil, mais on la facilita encore davantage en oppo= sition à la volonté et aux véritables intérêts du Brésil.

Quoique la conduite du Portugal ait été si

irrégulière, si étrange et si offensive à l'égard du Brésil, on déplore encore à Lisbonne l'égarement des Brésiliens, et l'on ne conçoit pas comment ils peuvent attribuer au congrès des vues si contraires aux sentiments libéraux qui lui donnèrent naissance.

Serait-ce donc aussi par égarement que les Brésiliens prétendent qu'aux jours mêmes de la régénération, les baïonnettes auxiliaires ont versé trois fois leur sang ? Serait-ce donc aussi par égarement qu'ils prétendent que le congrès a envoyé des troupes au Brésil contre la volonté de ce royaume et contre les vœux de la presque moitié du congrès lui-même ?

Serait-ce donc aussi par égarement qu'ils prétendraient que c'est dans le congrès qu'on a forgé et peut-être décrété à sa barre ce projet inique et destructeur, qui a pour but de faire encore de Lisbonne le marché et l'entrepôt exclusif du commerce du Brésil, au risque d'anéantir l'agriculture de ce pays, d'arrêter l'essor de ses fabriques, et de consommer violemment la ruine de ses laboureurs qui ont le droit incontestable de vendre leurs récoltes à quiconque leur en offre le prix le plus élevé ?

Serait-ce donc aussi par égarement qu'ils prétendraient que le gouvernement de Lisbonne a trempé dans le complot de restituer Montevideo à Buenos-Aires, complot dont le seul but est peut-être de ravir au Brésil la clef des frontières de Rio-Grande ?

Non, non, on ne s'égare ni aussi souvent, ni aussi grandement. Ce ne sont point là des erreurs, prince, ce sont des faits incontestables ; il nous reste seulement à savoir s'il y a quelque vérité dans le bruit qui court de certains projets dont le gouvernement de Lisbonne aurait confié l'exécution à d'autres nations : projets ennemis de notre liberté et de notre sûreté, préjudiciables à notre propriété, et subversifs de la prospérité et de la gloire que nous espérons d'un meilleur avenir.

Tel est, prince, le déplorable état des relations politiques du Brésil avec le Portugal ! Et la conséquence la plus favorable qu'on en puisse tirer, c'est que le Brésil n'a plus de confiance dans le souverain congrès ! Et l'état de nos provinces est-il plus rassurant ? non, assurément ; et si d'un côté la séparation est certaine, de l'autre, l'union n'est point encore consolidée.

Ces provinces, jalouses d'une liberté dont elles ont commencé à jouir, sont ballottées entre le péril imminent de la perdre (péril dont les menace la Constitution de Lisbonne si elles consentent à l'accepter telle qu'elle sera faite), et la crainte de voir, en ne l'adoptant pas, l'antique despotisme lever de nouveau une tête qui n'a été que trop légèrement écrasée. Ne comptant plus sur le peu de bonne foi qu'elles ont trouvé dans le congrès de Lisbonne, elles veulent rompre avec lui. Mais, instruites par expérience des disgrâces et de l'oppression que le despotisme leur a envoyé pendant treize ans de Rio-Janeiro, elles tremblent de se réunir à un centre d'où leur est venu tant de mal. Aimant V. A. R. parce qu'elles ont eu le temps de se convaincre de sa constitutionnalité, elles accourent chercher en son auguste personne leur vaillant défenseur.... Mais quand elles arrivent et qu'elles ne trouvent ni la direction qui doit les mener au faîte de la gloire et de la prospérité auquel leur grandeur aspire, ni la garantie qui doit leur assurer une liberté générale et individuelle, elles se refroidissent, tremblent et se découragent.

Le ministère de Votre Altesse Royale, entravé par les difficultés que lui offrent d'aussi critiques circonstances, et privé d'ailleurs du pouvoir de faire les lois que réclame le Brésil, ne peut donner l'essor à l'énergie et au patriotisme qui le caractérisent... Nos affaires éprouvent des lenteurs qui pourraient leur devenir bien funestes ; nous perdons au moins tout le chemin que nous devrions suivre. Et quelle perte irréparable que celle d'un seul moment dans l'espace !

L'agriculture, cette source inépuisable de la richesse du Brésil, la population, les sciences, les arts, l'industrie et le commerce, ces leviers puissants qui doivent le porter au comble de la gloire, réclament instamment liberté et protection. Mais ces dons du ciel d'où peuvent-ils émaner pour eux, si ce n'est d'un corps-législatif brésilien ?

Il est urgent que le Brésil augmente sa marine et prépare ses forces de terre. Vous avez, prince, des ministres prêts à exécuter vos ordres ; mais il vous faut un pouvoir législatif qui vous mette à même de les donner.

Les ressources du Brésil sont immenses, mais son ancien système financier, dont la maligne influence dure encore, lui fait éprouver un déficit énorme lorsqu'il aurait besoin de superflu. Le Brésil, privé ainsi de sa force la plus puissante, ne peut fleurir ni prospérer. Il ne se présente qu'un remède à tant de maux, c'est le pouvoir législatif.

Levez-vous donc, prince, le danger de la désunion est imminent; les circonstances sont urgentes, le salut de la patrie réclame tout votre secours; que Votre Altesse Royale se hâte de convoquer dans cette capitale une assemblée générale des provinces du Brésil; et l'union avec le Portugal sera maintenue et celle des provinces du Brésil sera consolidée.

Dans cette assemblée représentative, le Brésil aura de vigilantes sentinelles qui veilleront sur sa liberté, de fidèles mandataires qui défendront ses droits, d'intrépides athlètes qui lutteront pour ses intérêts, de zélés pères de la grande famille qui rechercheront infatigablement les vraies sources de sa prospérité, enfin d'actifs promoteurs de sa population, de sa civilisation, de ses sciences, de son agriculture, de son industrie, de sa navigation et de son commerce.

Et votre Altesse Royale trouvera parmi nous les appuis de sa constitutionnalité et les soutiens de sa couronne ; le chemin de la véritable gloire qui promet d'élever le nom de Votre Altesse Royale au-dessus de celui des plus grands princes de l'univers ; le délassement de ses fatigues ; sa sauve-garde contre les plus grands périls ; la force irrésistible de ses armes ; la richesse du trésor public; la satisfaction de voir heureux un peuple qui s'est déclaré avec tant d'affection le sujet fidèle de Votre Altesse Royale ; enfin, le sort tant ambitionné de jeter les premiers fondements d'un empire qui, commençant par où les autres finissent, doit exciter un jour l'admiration et la jalousie de l'univers.

Mais, pourquoi, prince, chercher des motifs de persuasion là où tout choix est impossible? Il est arrêté dans le livre des lois éternelles que le Brésil doit être inscrit en ce grand jour sur la liste des nations libres. Ainsi l'a décrété l'arbitre de l'univers : sa volonté doit s'accomplir. Que les mortels y consentent ou non, personne n'a le droit d'entraver sa marche. Obéissez donc, prince, à cette loi immuable, et, remplissant ainsi un devoir sacré, comblez à la fois votre gloire, le salut du Portugal et le bonheur du Brésil.

Joze Clemente Pereira,
João Soares de Bulhoens,
Domingos Vianna Gurgel do Amaral.
Domingos Antunes Guimarãens.
João Antonio dos Santos Xavier.

Rio-Janeiro, 23 mai 1822.

RÉPONSE DU PRINCE RÉGENT.

« Je me regarde comme suffisamment instruit de la volonté du peuple de Rio-Janeiro. Sitôt que je saurai celle des autres provinces, ou par les municipalités, ou par leurs procureurs-généraux, je me conformerai immédiatement au vœu des peuples de ce grand, fertile et riche royaume. »

REPRÉSENTATION

Faite au Prince Régent par le Peuple de Rio-Janeiro pour obtenir la Convocation d'une Assemblée générale du Brésil.

Prince,

La nature, la raison et l'humanité, ce faisceau indissoluble et sacré que toute la force humaine ne peut rompre, ont gravé dans le cœur de l'homme une propension irrésistible à chercher ou à améliorer son bien-être par tous les moyens, avec toute la vigueur et l'énergie possibles, à toutes les époques et dans tous les lieux. Ce principe, aussi saint que son origine, et cent fois plus fort quand il s'applique aux nations, était plus que suffisant pour empêcher le Brésil, cette portion précieuse du globe habité, de consentir à l'attente inactive de son sort à venir, tel qu'il serait décrété loin de son hémisphère, au milieu d'une puissance qu'il devait regarder comme ennemie de sa gloire, jalouse de sa grandeur, et qui laissait assez voir, par son manifeste aux nations, l'intention où elle était de fonder sa résurrection politique sur la ruine du naissant empire lusitano-brésilien, puisqu'elle attribuait les motifs de sa décadence à l'élévation glorieuse de cet enfant de l'Amérique.

Si, à cette considération si simple et si juste, il eût voulu ajouter la douloureuse expérience de trois cent quatre-vingts années, pendant lesquelles il n'avait existé que pour le Portugal, que de motifs n'aurait-il pas rencontrés dans la chaîne ténébreuse de ses maux, pour exciter l'attention et la vigilance de ses fils, les porter à user de la souveraineté qui leur appartient, et des droits dont jouit le Portugal, pour s'occuper enfin par lui-même de son existence, de sa représentation politique, de sa prospérité et de sa constitution? Oui, le Brésil pouvait dire au Portugal : « Depuis que le soleil me fit sortir du sein des ondes pour me présenter à l'heureux Cabral, fertilité, richesse, prospérité, je t'ai tout sacrifié, je t'ai tout donné; et toi, que m'as-tu apporté en échange? l'esclavage, rien que l'esclavage. Je creusais le sein de mes montagnes, je pénétrais au centre de la terre pour t'envoyer l'or avec lequel tu payais les nations étrangères qui veillaient à ta conservation et les monuments qui décorent ta majestueuse capitale; et toi, quand l'avide ambition eut dévoré les trésors que mon sol te dispensait de toutes parts, tu voulus m'imposer le plus odieux des tributs, la capitation. Je détournais le cours de mes fleuves rapides, pour arracher de leur lit les diamants qui brillent à la couronne de ton monarque; je dépouillais mes forêts pour enrichir ta marine et soutenir ta grandeur qui s'échappait de tes débiles mains... Et toi, que me donnais-tu? l'oppression et le mépris! Tu faisais brûler les ateliers dans lesquels ma naissante industrie préparait le coton nécessaire aux vêtements de mes fils. Tu m'interdisais le flambeau de la science pour m'empêcher de connaître mes droits et de me placer parmi les peuples éclairés ; tu décourageais mon industrie pour me retenir dans la triste dépendance de la tienne ; tu eusses désiré même diminuer les sources de ma grandeur naturelle, et me réduire à ne connaître de l'univers que l'étroit espace que tu occupes. Je recueillais dans mon sein tes enfants dont j'embellissais l'existence, et tu m'envoyais pour récompense des tyrans indomptables qui me déchiraient. Le temps est venu de reconquérir ma liberté; assez long-temps je me suis offert en sacrifice à tes vues intéressées ; je t'ai assez connu, je t'ai trop servi. »

Toutefois, au moment même où le généreux Brésil voyait s'arrêter la roue d'une prospérité bien commencée et bien méritée; au moment où s'ébranlait l'édifice que l'Europe avait élevé en projet, et que le colosse de la France avait renversé dans sa course; au moment où l'on travaillait à miner la plus grande, l'unique idée

véritablement sublime qu'un Européen eût con=
çue des colonies de sa patrie ; au moment enfin
où toutes les anciennes formes de gouvernement
étant dispersées, le Brésil avait le droit incon=
testable et le besoin invincible de choisir, de fon=
der, de déclarer celui qui lui convenait le mieux,
cet enfant de l'Amérique sommeillait, bercé
par l'espérance, mettant toute sa confiance dans
la franchise de sa conduite et dans le libéralisme
si hautement proclamé de ses frères, qu'il vou=
lait encore juger alors qu'il les croyait instruits
par la fatale leçon de l'expérience, par les lu=
mières du siècle, par le mouvement de la civi=
lisation et par l'indépendance de l'Amérique
espagnole, acte décisif de l'émancipation de
toutes les colonies, et signal formidable qui
annonçait que l'heure de leur virilité avait sonné.

Mais, par la plus noire des perfidies, le Por=
tugal, ou plutôt son congrès qui, d'abord crain=
tif, s'avançait en tâtonnant dans les ténèbres
que l'adhésion franche et généreuse du Brésil et
le retour du roi dans sa capitale vinrent plus
tard dissiper, prit tout à coup l'attitude d'un
maître ; et, devenant, de représentant du peu=
ple portugais, souverain de toute la nation, il

manqua à ces mêmes principes universels qu'il avait proclamés, et sur lesquels il appuyait sa conduite; il viola les bases saintes qu'il avait jetées, trahit les droits des gens et de la nature, résolut, au nom de ces mêmes droits, de vouer un grand royaume au néant, de couvrir cette importante partie de la monarchie portugaise des chaînes qu'il avait suspendues au temple de la liberté; et, de deux choses l'une, ou de nous engloutir dans un abîme de maux pires que ceux dont il cherchait à sortir, ou, ce qui était pis encore, de nous donner comme par faveur une liberté relative à notre premier état de colonie, faisant ainsi une attaque solennelle à la raison, une insulte manifeste aux nations civilisées, et donnant au Brésil le motif le moins douteux d'indignation et de représailles.

Si le congrès, examinant la force irrésistible des choses, avait réfléchi à la nécessité impérieuse de la chute de certains empires et à l'élévation de certains autres, qui devront à leur tour être engloutis dans le gouffre des siècles, pour faire place à de nouveaux États; si, dans la marche de ses travaux, il n'eût pas perdu de vue que le véritable intérêt du Portugal, la seule ancre qui puisse le sauver encore, comme en 1807, du naufrage dont il est menacé sur l'abyme du temps, est la félicité progressive et la grandeur du Brésil ; si, abjurant une jalousie ridicule aux yeux de la philosophie, et un amour des préséances, incompatible avec la marche auguste de la liberté, qui considère seulement les objets dans leurs relations avec la félicité des hommes, il eût étendu les limites de cette liberté et multiplié nos relations commerciales, non-seulement il ne provoquerait pas notre ressentiment, notre indignation, notre éternelle méfiance, mais il ne présenterait pas au monde le ridicule spectacle d'un royaume essayant, sans capitaux, sans industrie, sans marine, sans ces trois seuls leviers, à l'aide desquels l'on soutient et l'on remue les colonies, d'élever sur la recolonisation du Brésil l'édifice démantelé de sa grandeur antique. Au contraire, il présenterait des faits uniques dans l'histoire des hommes ; il donnerait à l'univers une véritable leçon de politique et de philosophie, et le Brésil reconnaissant baiserait la main des demi-dieux modernes.

Nous avons vu avec horreur notre rang,

notre représentation, ravalés et presque frappés d'anéantissement. Nous avons rougi plus d'une fois des sarcasmes qu'on nous lançait avec le plus grand scandale ; nous avons vu les larmes de nos provinces dédaignées ; nous avons vu prodiguer les éloges aux monstres qui les déchiraient ; nous avons vu les cohortes prétoriennes, sortant du sein du congrès même, saisir le bouclier de la fraternité, et puis plonger dans nos cœurs ces armes que la patrie ne pouvait leur avoir confiées que pour sa défense ; nous avons vu le sang brésilien abreuver à différentes reprises notre sol sans trouver de vengeurs ! C'est peu : on n'a pas seulement pris une mesure juste et adaptée aux graves circonstances de ce pays qui, ayant dû, sans préparation préalable, ouvrir son sein en 1807 à l'inondation, l'a vue rétrograder, en nous laissant des maux plus cuisants encore que ceux qu'elle nous avait apportés. Nous entendions à chaque instant retentir dans le congrès de Lisbonne le langage du despotisme et du patronage. *Nous octroyons au Brésil. — Que veut de plus le Brésil ?* Nous avons frémi quand le décret du 18 avril de l'année dernière est venu jeter au milieu de nous une pomme de discorde, en promettant de regarder désormais comme ayant bien mérité de la patrie ceux qui avaient le plus irrité contre elle les serpents qui sifflent sur la tête des Furies. Une sueur froide coula de tous nos membres à la lecture de l'infernale sortie d'un des députés les plus notables du Portugal : *Que nous importe que les Brésiliens s'égorgent les uns les autres ?* — C'est peu encore : le Portugal, se prévalant de notre serment, abusant de notre bonne foi, profita de l'absence de nos défenseurs ; et, sans attendre ni le vote, ni l'assentiment de nos représentants, qui seuls pourtant pouvaient exprimer notre volonté ; sans compléter la souveraineté de la nation ; sans valider ce qui avait été décrété, il partagea *la tunique sans couture* du Brésil en une infinité de lambeaux, créa une multitude de petits centres qui, sans rapports ni liaisons, affaiblis sur tous leurs points, contradictoires dans tous leurs mouvements, ne pouvaient, dans la somme de leurs produits, donner que l'anarchie et la guerre civile. C'est peu encore : il nomma de nouveaux Verrès pour mieux déchirer notre cœur ; il fulmina contre nous, à la face des nations, une bulle de déshonneur, foulant aux pieds les considérations les plus sacrées, chassant les Brésiliens de tous les emplois de confiance et de considération ; et, par une animosité plus fanatique que réfléchie, il attaqua notre rang, il viola notre intégrité, il prétendit s'approprier le fruit de nos sueurs, nous fermer toute communication avec l'univers, nous faire rétrograder enfin à grands pas vers notre ancien état de colonie, regrettant de ne pouvoir imprimer le même mouvement rétrograde à l'univers et aux lumières du siècle, quand, avec si peu de forces, il réussissait à dominer de si vastes et de si riches contrées.

Qu'allions-nous devenir dans le système que suivait le congrès? frères ou vassaux? hommes ou automates? esclaves ou citoyens, et enfants de la même nation? Qu'allait devenir le congrès lui-même? le souverain despote pour qui était faite la nation, ou bien, le représentant de la souveraineté de cette même nation, représentant élu et convoqué pour défendre ses droits et affermir sur une base solide la félicité de toutes les parties intégrantes de la monarchie?

Le congrès a manqué à ce qu'il devait au Brésil, et peut-être même à ce qu'il devait à la nation. Il a manqué aux principes de la morale, de l'égalité, de la nature, de la politique et de la raison. La politique, la nature, l'égalité, la morale enjoignaient au Brésil de reprendre sa dignité, de soutenir ses priviléges, de donner au monde un grand témoignage du droit inaltérable qu'il possède de figurer parmi les nations libres.

Les provinces du midi de ce vaste empire se liguèrent entre elles. Rio-Janeiro qui, selon l'expression de son historien anglais, verra plutôt une révolution générale dans l'univers, qu'il ne cessera d'être l'entrepôt d'un commerce universel ; Minas-Geraës et les intéressantes provinces du centre, dont le sol, favorisé de l'astre du jour, alimente et conserve les signes représentatifs de la richesse et de la force des États ; Saint-Paul, patrie de la valeur, qui n'attend que la sève de la liberté pour mûrir les germes puissants d'une grandeur infinie ; Rio-Grande et Monte-Video, ces deux clefs du Sud et nos inépuisables greniers, se donnèrent la main, excitèrent par leur exemple les autres provinces leurs sœurs, et entourèrent d'un mur d'airain le Prince royal, à qui, sous le spécieux prétexte de voyager en pays étrangers, les hiérophantes ordonnaient d'abandonner le Brésil, faisant d'abord partir pour Lisbonne les vaisseaux et les munitions de guerre qui existaient encore dans nos ports et dans nos arsenaux, et laissant le squelette du Brésil réduit au sort déplorable de l'Asie-Mineure.

De quelque manière que les ennemis de l'association brésilienne considèrent le mémorable événement du 9 janvier, aux yeux de l'Europe judicieuse et politique, le Prince royal passera pour un héros et pour le sauveur de la royauté au Brésil ; le peuple des provinces coalisées sera regardé comme un modèle de fidélité à la dynastie de Bragance, comme un modèle de zèle pour le système constitutionnel, véritablement libéral tel qu'il doit l'être, et non machiavélique et astucieux tel qu'on le lui offrait ; et enfin, comme un modèle de prescience politique pour ses véritables intérêts, parce que dès lors il a embrassé le système qui doit un jour régner dans toute l'Amérique, maintenant éblouie sur plusieurs points par les prestiges de la démocratie.

L'écho de notre révolution retentit sur les sept montagnes de Lisbonne, qui le renvoyèrent dans les salons du congrès. Le péril était imminent; il fallait un prompt remède... La franchise conseillait l'aveu des erreurs; le machiavélisme ne songea qu'à la dissimulation et à l'injure : le persiflage se joignit à l'opprobre et la dérision au malheur.

Forcé de convenir que peut-être un autre mode de gouvernement conviendrait au Brésil, le congrès laisse tomber les paroles *d'empire* et *de faveur*, accompagnées d'indignes sarcasmes et du reproche gratuit de vénalité prodigué à ceux qui ont déchiré le voile de l'imposture. On va même jusqu'à dire que la confiance et la bonne foi du Brésil ont donné naissance à la perfidie : on suspend le retour du prince ; mais on conserve l'isolement des provinces, et on laisse au fils du monarque l'insignifiant caractère de gouverneur de Rio-Janeiro. A l'aide d'un mensonge, on reconnaît la nécessité d'un centre politique, mais en deux fractions, qu'on ne balance pas à *octroyer* ; et, dans la liberté accordée à chaque province de s'entendre avec le Portugal si elle le préfère, on augmente l'esprit de discorde qui nous déchire, et l'on ne laisse aucun doute sur le projet de nous diviser, de nous affaiblir et de pousser une portion du Brésil à guerroyer le reste. On soumet les préteurs lusitaniens au gouvernement provincial ; mais ils sont membres nés de ce gouvernement par la force des légions qu'ils commandent et qu'on laisse au Brésil. On est prêt à *octroyer* au Brésil tout ce qui lui convient, mais seulement pour son gouvernement intérieur, et toujours à l'exception du point essentiel de l'union ; c'est-à-dire en réduisant son commerce à ces liaisons exclusives avec le Portugal, qui furent si nuisibles aux deux hémisphères portugais, et qui, d'aucun côté, ne remplirent le but pour lequel elles avaient été établies. On interdit au Brésil toute discussion sur ses grands intérêts politiques ; on circonscrit son patriotisme, qu'on prive d'une législation qui lui est propre ; et, pour mettre le comble à la perversité d'une telle conduite, on défend officiellement à l'Europe l'envoi des munitions de guerre au Brésil, mesure qui confirme de la manière la plus solennelle toutes nos méfiances, et ne peut être considérée autrement que comme le prélude d'une déclaration de guerre, motivée par notre résistance au système de recolonisation.

Enfin, marchant toujours d'horreur en horreur, on veut céder Monte-Video à Buénos-Ayres, en violant scandaleusement les droits de cette province, et le principe que les Cortès elles-mêmes ont tant fois proclamé, que *les peuples ne sont la propriété de personne*, et cela, seulement afin de punir cette province de son adhésion à la cause du Brésil. Enfin, *si vera est fama*, dans ce moment le congrès négocie l'assistance du gouvernement français pour nous reconquérir, en abandonnant à cet allié la Guyane portugaise.

Mues par de si puissantes considérations, les provinces coalisées du Brésil ont reconnu combien il serait impossible d'attendre encore, qu'à plus de deux mille lieues de distance, on examinât avec une franche impartialité et leurs droits et la justice de leur cause. Elles ont appris à leurs dépens à mettre des bornes à leur confiance. Elles savent combien il est indigne du caractère majestueux des peuples éclairés de faire sans cesse des suppliques, d'attendre sans cesse des décisions qui, lorsqu'elles arrivent après de longs retards, apportent déjà avec elles de nouveaux motifs pour ne plus être exécutables.

Peut-être le congrès, par une nouvelle in= conséquence et dans le délire de sa fureur, donnera-t-il le nom de révolte à la démarche héroïque que vont faire les provinces du Brésil, et à cette glorieuse vengeance de leur souverai- neté dédaignée ; mais s'il s'oublie à ce point, il devra d'abord accuser de révolte cette raison qui prescrit aux hommes de ne pas se laisser écraser et détruire par les autres hommes ; il devra déclarer rebelle cette nature qui apprend aux enfants à s'éloigner de leurs parents quand arrive l'époque de la virilité ; il devra décla= rer rebelle la justice qui n'autorise ni usurpa= tions, ni perfidies; il devra déclarer rebelle le Portugal qui a ouvert la marche de la liberté à la grande famille portugaise ; il devra enfin se déclarer rebelle lui-même, parce que, si la force irrésistible des choses promettait la désunion future des deux royaumes, sa conduite a accé= léré cette époque, sans doute funeste à la partie de la nation que le congrès voulait agrandir.

Quand une nation change sa manière d'être et de penser, elle ne peut ni ne doit être gou= vernée comme avant ce changement. Le Brésil, élevé au rang de royaume, reconnu par toutes les puissances et avec toutes les formalités qui constituent le droit public de l'Europe, a le droit incontestable de se remettre en possession de la portion de souveraineté qui lui appartient, parce que l'établissement de l'ordre constitutionnel est une affaire particulière de chaque peuple. Si tout citoyen a le droit d'exiger que la société améliore sa situation, combien ce droit n'appartient-il pas davantage à l'union de grandes et de riches provinces ? Si le Brésil s'est rallié à la cause de la nation, cela n'a été que pour coopérer à la félicité générale, mais sans diminution, sans perte, sans sacrifice de sa propre félicité ; et jamais il ne devait s'attendre à ce qu'une fraction de ce grand tout tenterait, sous le voile des améliorations, de le renverser du faîte d'honneur et de gloire auquel il est monté, et qui lui appartient à tant de titres. Le Brésil avoue que les lois, traités et conventions que font les hommes en se réunissant, établissent les règles de leurs droits et de leurs devoirs ; mais il veut que le monde et le Portugal conviennent aussi que, si quelques hommes ont fait des conventions absurdes; s'ils ont établi un pouvoir incapable de protéger les lois ; si cherchant le bonheur, ils ont suivi une route opposée ; si par malheur ils se sont laissé éga=rer par des guides perfides ou ignorants, la rai=son ne doit point être sacrifiée à l'erreur et la félicité au caprice. Si l'état de rétrogradation est toujours douloureux pour un individu, com=bien ne sera-t-il pas plus violent, combien ne sera-t-il pas plus affreux pour un peuple grand et riche, mûri par l'âge, instruit par ses rap=ports avec les autres peuples, et participant déjà de la nouvelle force motrice qui paraît agrégée aux forces de l'univers ? Le Portugal, sans consulter le Brésil et après avoir reconnu, par une loi fondamentale, qu'il avait le droit d'accéder, s'il le voulait, à son mouvement, a établi son nouveau pacte en rompant toutes ses anciennes liaisons, même celles qui enchaî=naient le Brésil. Et qui osera refuser au Brésil le droit de réclamer contre cette conduite et de refuser son adhésion quand il se voit trahi et trompé dans l'espoir d'être heureux ? Il a nommé, il est vrai, des députés, il leur a con=cédé tous les pouvoirs nécessaires à la repré=sentation de sa souveraineté ; mais il leur a recommandé en même temps la conservation de son intégrité et de tout ce qui peut être utile à son existence politique. Dès lors l'on doit accorder, ou que celui qui concède le pouvoir reste toujours un être passif quelle que puisse être l'aberration de son mandataire, ou que le mandataire ne peut jamais ravir à son com= mettant le pouvoir de reprendre sa qualité ac= tive et de choisir de nouveaux procureurs qui, dirigeant mieux ses intérêts, et exprimant mieux sa volonté, lui évitent de tomber dans de nou= veaux périls. Et d'où est venu à un congrès imparfait et aux représentants d'une seule frac= tion d'une nation souveraine le droit de décider souverainement de l'autre fraction qui est la plus grande? D'où est venu à un congrès qui agit ainsi et à quelques députés du Brésil qui y souscrivent, le pouvoir d'exiger l'obéissance et la confiance du Brésil dédaigné? Quelle loi di= vine ou humaine nous ordonne de continuer à souffrir le mal et de persister dans l'indigne attente d'un avenir déshonorant?

Le caractère de notre esprit et de nos pas= sions, qui se diversifie selon les climats, nous enseigne que les lois doivent être relatives aux différences de ces passions et de ce caractère.

C'est une vérité éternelle et incontestable. Le Brésil, formé d'éléments si différents de ceux dont se compose le Portugal, a besoin d'une administration spéciale, d'une législation prise dans la nature de ses besoins et de ses circon=stances, et non d'une législation versatile, sans base et sans intérêt comme le sont toutes celles qui agissent de loin et sous l'inspiration puis=sante de législateurs partiaux, sans aucun égard pour les lieux auxquels elles doivent s'appliquer, sans aucune crainte du foudre vengeur de l'opi=nion publique qui d'ici ne peut atteindre les coupables que lorsqu'il est déjà froid et sans vigueur. Une semblable législation portera avec elle le germe mortel qui doit miner la félicité du Brésil. Au contraire, le gouvernement, la police, l'instruction, les mœurs, les arts, le commerce, la navigation, l'agriculture, la po=pulation, tout éprouvera la douce influence d'une administration et d'une législation locales.

En conséquence, prince, en notre nom et en celui de provinces coalisées, dont la cause et les sentiments sont le mêmes, nous voulons et de=mandons avec la plus vive instance, avec le plus juste espoir dans le titre que Votre Altesse

Royale a accepté de défenseur constitutionnel et perpétuel du Brésil, pour le bien et la prospérité des habitants de ce royaume, pour le salut, l'intégrité et la grandeur de la monarchie lusitano-brasilico, pour notre *constitutionnalité*, enfin, et pour celle de Votre Altesse Royale :

Qu'il soit convoqué dans cette capitale une assemblée générale des provinces du Brésil, représentée par un nombre suffisant de députés qui ne pourront être moins de cent; députés nommés par de nouveaux électeurs de paroisses, choisis par le peuple, avec des pouvoirs spéciaux pour cet objet; députés dont les attributions seront de délibérer en séance publique sur les justes conditions auxquelles le Brésil devra rester uni au Portugal, et d'examiner si la Constitution qu'élaborent les Cortès générales de Lisbonne devra être adoptée tout entière par le Brésil, ou seulement sur les bases décrétées là-bas et jurées ici, lesquelles portent qu'on déterminera les modifications, les corrections et les changements à l'aide desquels cette même Constitution devra être acceptée et jurée au Brésil.

Et parce que le Brésil ne peut être tranquille ni florissant sans un corps-législatif national,

ladite assemblée générale, dès qu'elle sera in=
stallée, entrera dans l'exercice du pouvoir lé=
gislatif, qui est de l'essence de la souveraineté
du Brésil.

L'assemblée générale ouvrira ses séances dès
que seront réunis les deux tiers des députés des
provinces coalisées.

Relativement aux provinces du Brésil qui ne
sont pas encore fédérées, mais dont on attend
la complète adhésion, l'article 21 des bases de la
Constitution continuera à leur être applicable.

Ladite assemblée s'occupera de correspondre
par écrit avec les Cortès de Lisbonne, afin de
maintenir entre le Brésil et le Portugal l'union
que le Brésil désire conserver.

L'assemblée, aussitôt son entière réunion,
désignera le lieu où devra être le siége de la
souveraineté brésilienne.

L'indépendance, prince, d'après l'opinion
des plus célèbres publicistes, est innée dans les
colonies comme la séparation des familles dans
l'humanité. L'indépendance, sagement modi=
fiée, est honorable pour le Brésil et utile au
Portugal. C'est un lien éternel pour la monar=
chie entière. La nature n'a pas fait les satellites

plus grands que leurs planètes. L'Amérique doit appartenir à l'Amérique comme l'Europe appartient à l'Europe, car ce n'est pas en vain que le grand Architecte de l'univers a mis entre ces deux hémisphères l'espace immense qui les sépare. Le moment est venu d'établir un système durable et de lier toutes les parties de notre grand tout. Laisser échapper ce moment précieux, c'est outrager la divinité qui l'avait marqué dans ses décrets, et dont la volonté l'a fait apparaître dans la chaîne du présent. Le Brésil, au milieu de nations indépendantes qui lui donnent l'exemple du bonheur, exemple irrésistible pour quiconque a pour soi le bras de la nature, le Brésil ne peut rester comme colonie sujette à une nation éloignée et de peu d'étendue, sans force pour le défendre et encore moins pour le conquérir. Les nations de l'univers ont les yeux fixés sur nous et sur toi ; il faut nous offrir à leurs regards, ou comme des rebelles, ou comme des hommes libres et dignes de l'être. Tu connais déjà les biens et les maux qui t'attendent. Il s'agit de ta prospérité... Veux-tu ? ou ne veux-tu pas ? Décide-toi, prince !

Rio-Janeiro, le 20 mai 1822.

DOCUMENT N° 2.

DÉCRET

Par lequel il plaît à S. M. I. D. Juan VI de charger, à son défaut, du Gouvernement de Portugal sa très chère et bien aimée fille, D. Isabella Maria.

MINISTÈRE DE L'INTÉRIEUR.

S. M. l'Empereur et Roi, notre seigneur, dans la constance de ses paternelles intentions, de son zèle pour l'administration de son bien-aimé peuple, désirant écarter de lui tout ce qui pourrait porter atteinte à sa tranquillité ainsi qu'à sa sûreté, s'occupant de ce soin important au milieu même des angoisses de la douleur que la divine Providence lui fait sentir dans la maladie qui l'accable, il lui plaît de régler cet objet ainsi qu'il suit :

DÉCRET.

Ayant jugé nécessaire de prendre des mesures pour le gouvernement de ces royaumes et possessions durant la maladie que j'éprouve présentement, afin que la suspension des affaires, ne fût-elle que de courte durée, ne les accumule pas de manière que l'expédition en devienne difficile, il me convient de charger du susdit gouvernement l'infante Dona Isabella Maria, ma très chère et très aimée fille, conjointement avec les conseillers d'État cardinal-patriarche nommé, duc de Cadaval, marquis de Vallada, comte dos Arcos, et le conseiller ministre secrétaire-d'État, toutes les affaires étant décidées à la pluralité des votes, celles de l'Infante étant toujours décisives dans le cas d'opposition. Lesquels conseillers, je l'espère, administreront la justice à mes fidèles sujets, agiront toujours avec plus de prudence que de précipitation. Cette impériale et royale détermination, dans le cas où il plairait à Dieu de m'appeler à sa sainte gloire, sera maintenue aussi long-temps que l'*héritier légitime* et successeur de cette cou=

ronne n'aura pas pris ses mesures à cet égard. Et afin que l'on connaisse mon impériale et royale résolution, j'ordonne que le conseiller d'État José-Joaquim de Alméida et Araujo Correa de Lacerda, mon ministre et secrétaire-d'État de l'intérieur, après que ce décret sera revêtu de ma signature, adresse à chaque département de son ressort des copies qui devront obtenir le même crédit que le propre original, nonobstant toutes lois, dispositions et ordon= nances qui y seraient contraires.

Palais de Bemposta, le 6 mars 1826.

Avec la signature de S. M. l'Empereur et Roi, notre maître.

DOCUMENT N° 3.

MINISTÈRE DE L'INTÉRIEUR.

PREMIER DÉCRET.

Vu l'insuffisance des mesures que j'ai prescrites relativement à la censure des pamphlets et écrits périodiques, l'expérience ayant démontré que la plupart de ceux qui ont été imprimés, loin d'éclairer le public en lui donnant des nouvelles véridiques et intéressantes, et de concourir à la consolidation des institutions légitimement émanées du trône, n'ont servi qu'à accréditer les bruits les plus mensongers et les plus absurdes; à prodiguer aux autorités et aux employés les injures les plus grossières, au mépris de ce que commandent les conve=

nances et la charité chrétienne, même lorsque, dans l'intérêt général, on signale des actes criminels; à contrarier enfin soit la lettre, soit l'esprit de la Charte constitutionnelle; vu les informations que j'ai fait prendre, desquelles résulte pour moi l'assurance que la majeure partie de ces pamphlets et écrits n'ont été examinés que par un seul et même censeur, François Joseph d'Alméida, médecin de la chambre royale; que ceux qui n'ont pas été examinés par lui, l'ont été par un très petit nombre d'autres censeurs, à l'égard desquels je n'ai pas encore obtenu les renseignements nécessaires; attendu qu'il est urgent de remédier promptement au mal qui s'est opéré ou qui pourrait s'opérer encore, si la censure était presque exclusivement abandonnée aux mains de ceux qui ont eu si peu de respect pour les obligations que leur impose ce service public, j'ordonne, au nom du roi, de destituer de l'emploi de censeur, ledit François Joseph d'Alméida, qui, par sa négligence et sa condescendance coupables, s'est montré inhabile à exercer une charge d'une si haute importance;

Que le tribunal de grâce et justice (a meza

do dezembargo do passo) le tienne pour bien entendu et le fasse exécuter.

Au Palais d'Ajuda, le 23 septembre 1826.

Avec la rubrique de l'Infante Régente,

François Manoel Trigôzo de Araga Morato.

DEUXIÈME DÉCRET.

Pour éviter les inconvénients provenant de la forme actuelle de la censure des pamphlets et ouvrages périodiques, il me convient de déter= miner, au nom du roi, que a meza do dezem= bargo do passo (tribunal suprême de justice et de grâce) partage immédiatement les censeurs royaux en deux sections, que les membres de chacune d'elles réunis en commission, à des jours différents, censurent tous les ouvrages qui se publieront. Pour procéder au travail de censure, il suffira de trois censeurs, qui devront à cet égard, se conformer en tous points, à la teneur des instructions annexées au décret du 18 août dernier. La commission se réunira tous les jours, à huit heures du matin, dans une des salles de l'imprimerie royale.

Le tribunal suprême de justice et de grâce l'a ainsi entendu, et le fera exécuter avec les dépêches et participations nécessaires.

Au Palais d'Ajuda, le 23 septembre 1826.

Avec la rubrique de l'Infante Régente,

François Manoel Trigôzo de Aragaô Morato.

DOCUMENT N° 4.

REPRÉSENTATION

Du Ministre Guerreiro à la Régente.

Très illustre princesse,

Quand la Charte constitutionnelle, qu'il avait plu à D. Pedro IV, notre roi légitime, de décréter, donner et faire jurer pour régir les royaumes de Portugal, Algarves et leurs dépendances, parvint dans ce royaume, il ne tarda pas à se former contre elle une opposition si absurde, si extravagante, qu'elle est sans exemple dans les annales de l'histoire : quelques Portugais dégénérés, accoutumés à vivre de la misère et de l'oppression des peuples, frémirent d'entendre qu'on allait fonder l'empire de la justice et du bon ordre ; la réforme des abus futurs qui ont tant contribué à précipiter la nation dans l'état de décadence où elle se trouve, fut regardée par eux comme la plus grande calamité ; incapables de travaux honnêtes, sans talents utiles et sans vertus, ces misérables ne savent subsister que du bien d'autrui ; c'est pourquoi ils mirent bientôt tout en œuvre pour défendre les honneurs et les richesses qu'ils avaient usurpés. Les changements, les commotions et les attentats politiques qui se succédèrent dans ces royaumes depuis l'année 1820, firent croire à tous les ambitieux, aux hommes qui n'avaient jamais eu rien à perdre, ou qui, par leur inconduite, avaient perdu ce qu'ils possédaient, ainsi qu'aux méchants, à qui les remords faisaient sans cesse appréhender le châtiment dû à leurs méchancetés et prévarications, que les révolutions sont le moyen d'obtenir impunité pour le passé, honneurs, pouvoir et richesses pour l'avenir. L'espérance d'une amnistie dans le cas où ils ne réussiraient pas dans leurs coupables intentions, leur donnait une nouvelle audace; et ayant tous les mêmes désirs criminels, ils conçurent l'atroce et horrible projet de résister à la volonté du souverain, de s'opposer à l'accomplissement et à l'exécution de la plus importante de toutes les lois, et de rompre tous les liens sociaux, sacri= fiant la tranquillité publique aux intérêts de leur égoïsme, et exposant la nation à toutes les horreurs de la guerre civile. Leur premier soin fut de séduire la masse des citoyens pacifiques; mais la fidélité portugaise sut résister à tous les artifices des scélérats. Le peuple, ferme dans son amour et dans sa fidélité pour le roi, et pour **V. A.**, qui le représente, fut inébranlable, et les scélérats furent obligés d'aller chercher asyle dans le royaume voisin; mais de là même ils ont continué et continuent encore à employer les moyens les plus infâmes pour varier l'opinion des faibles et des ignorants. Déserteurs, dépré= dateurs des caisses publiques; voleurs de l'ar= mement, habillement et munitions, qu'ils emportèrent; traîtres et rebelles, ces infâmes cherchèrent à cacher en partie l'énormité de leurs crimes par d'autres encore plus atroces,

qui étaient de combattre la légitimité de D. Pe=
dro IV, à la succession du trône portugais,
employant à cet effet les plus grossiers sophis=
mes, altérant les lois fondamentales de la mo=
narchie, et dénaturant jusqu'aux faits les plus
évidents de l'histoire portugaise. Le royaume a
été inondé de proclamations incendiaires; les
émissaires des transfuges viennent dans le
royaume de toutes les directions, et répandent
de toutes parts des nouvelles mensongères et
calomnieuses, des papiers imprimés ou manu=
scrits, forgés pour tromper le peuple et allumer
la guerre civile : l'asyle que ces méchants Portugais trouvèrent dans le royaume voisin, devint
pour eux le centre de leurs horribles machina=
tions; et si jusqu'à présent leurs efforts ont été
inutiles, la fuite honteuse et précipitée du gé=
néral Manoel Pinto da Silveira, gouverneur de
la place d'Alméida, avec le 11ᵉ régiment d'in=
fanterie, qui en formait la garnison, achève de
prouver qu'une plus longue modération de la
part du gouvernement, serait une faiblesse
coupable, et attirerait les plus grands maux sur
ce pays, digne assurément de toute l'attention
de V. A. J'ai l'honneur de supplier V. A. de

prendre les mesures les plus efficaces sur cet important objet.

Dieu garde V. A. et lui conserve de longues années, comme nous en avons besoin.

Lisbonne, 23 septembre 1826.

Signé, Joseph Antoine Guerreiro.

DÉCRET DE L'INFANTE RÉGENTE.

Prenant en considération ce qui m'a été représenté par le ministre secrétaire-d'État chargé par intérim des affaires ecclésiastiques et de la justice, il me plaît, au nom du roi, de décréter ce qui suit :

Article Ier.

Seront réimprimés et publiés avec ce décret, les édits des 6 décembre 1660, et 9 janvier 1792, et la lettre-patente du 10 octobre 1811, qui prononce les peines contre ceux qui, sans permission ou passeport légal, sortent du royaume.

Art. II.

Les magistrats de toutes les parties du royaume d'où quelque militaire, ecclésiastique ou bourgeois seraient sortis ou sortiraient du royaume sans permission ou passeport légal, constatant la vérité du fait, par la déclaration de témoins, procéderont immédiatement au séquestre de tous les biens des fugitifs, quelque nature et qualité que soient ces biens, m'en donnant aussitôt connaissance par la secrétairerie-d'État des affaires ecclésiastiques et de la justice, qui en informera à son tour le conseil de *Real Fazauda*, en ce qui concerne les biens de la couronne; et la *Mesa de Consciencia* en ce qui concerne les biens ecclésiastiques.

Art. III.

Les mêmes magistrats, après dix jours de date de ce décret, enverront à la secrétairerie-d'État des affaires ecclésiastiques et de la justice, les noms de tous les transfuges de leur district, avec énonciation de leurs emplois, dignités et distinctions, et ils déclareront en outre le jour où ils commencèrent leur sommaire ou enquête;

le jour où ils la terminèrent, et à qui ils l'adressèrent.

Art. IV.

Les juges compétents apporteront toute la diligence possible dans l'instruction et dans le jugement des procès qui sont déjà commencés ou se commenceront; et c'est dans la résidence des magistrats territoriaux, où ils sont actuellement ou pourront être à l'avenir, qu'on informera spécialement pour l'accomplissement de ce décret.

Art. V.

Tout magistrat, ou juge, qui contreviendra à quelqu'une des dispositions de ce décret, sera immédiatement suspendu, ensuite rayé du service royal, pour ne plus jamais y rentrer.

Joseph Antoine Guerreiro, du conseil de S. M., ministre et secrétaire-d'État, chargé par intérim des affaires ecclésiastiques et de la justice, le tienne pour bien entendu et le fasse exécuter.

Au Palais d'Ajuda, le 23 septembre 1826,

Signé, l'Infante Régente,

Joseph Antoine Guerreiro.

DÉCRET DE D. ALPHONSE.

D. Alphonse, par la grâce de Dieu, roi de Portugal et des Algarves, etc., etc. Je fais savoir à ceux qui cette loi verront, que prenant en considération les grands inconvénients qui résultent pour le service de Dieu et le mien, et pour le crédit et la réputation du royaume, de l'émigration de nombre de personnes tant ecclésiastiques que séculières, sans permission ni passeport revêtus de ma signature, et désirant apporter un prompt remède à cet abus, que l'on a déjà plusieurs fois voulu réprimer sans avoir encore pu y parvenir, j'ai résolu que toutes les personnes, quelle que soit leur profession ou dignité, qui sortiront du royaume de cette manière (à moins que ce ne soit pour aller dans ses conquêtes), soient dénaturalisées, privées de tous les honneurs et dignités dont elles étaient revêtues, et reconnues incapables de pouvoir jouir d'aucune pension sur l'État, rente, revenu ou bénéfice, sans que, pour être ainsi exécuté, il soit besoin d'aucune sentence ni diligence; il suffira de constater la sortie du royaume sans ma permission ; je défends, en outre, de faire tirer aucune somme aux expatriés ; et attendu que les étrangers qui se rendent en Italie ou en France, sont souvent les instruments de cet abus, j'ai cru devoir déclarer que les patrons des navires étrangers qui recevront à leur bord des Portu= gais sans ma permission, seront condamnés à mille creuzades au profit de mon trésor, et les bateliers naturels du royaume, qui les garderont sur leurs navires au-delà de la Tour de Bélem, sans qu'ils soient munis d'un passeport, suppor= teront la perte de leurs bâtiments, coulés gelés; en conséquence, j'ordonne aux desembargado= res, corregedores, ouvidores, juizes, justiças, officiers et autres personnes de mes royaumes, de faire exécuter ponctuellement le contenu de la présente loi, et d'infliger les peines qui par elle sont portées en la manière sus-mentionnée; et afin que personne n'en ignore, j'ordonne à mon grand chancellier de la faire publier à la chancellerie, et d'en envoyer copie revêtue de mon sceau et de sa signature, dans les districts du royaume, où on la fera exécuter. La présente loi sera enregistrée sur les livres da Desembargo do paço, casa da supplicação, et relation do

Porto, où de semblables lois sont ordinairement enregistrées par Antonio de Moraes.

Fait à Lisbonne, le 6 décembre, l'an 1660 de la naissance de J. C.

Écrit par Pero Sanches FARINHA. — REINE.

ÉDIT DE D. MARIA Ire.

Moi la reine : Fais savoir à ceux qui cet édit verront que la consultation *do Desembargo do Paço* m'ayant fait connaître les doutes qui se sont élevés au barreau, sur l'espèce de crime dont se rendent coupables les vassaux qui, sans une permission légale, sortent de ces royaumes pour passer à l'étranger, par conséquent sur les cas qui doivent encourir l'application des peines portées par le roi D. Joaô IV, dans les lois du 6 septembre 1645, 8 février, 4 juillet et 5 septembre 1646, et par le seigneur roi D. Alphonse VI, dans celle du 6 décembre 1660, dont la stricte observation est présente dans les termes qui précèdent, par la loi fondamentale

de la police du 25 juin 1660 ; quelques juges s'é=
tant persuadé que le simple fait d'émigration à
une époque quelconque , constituait le crime de
haute trahison, que l'absence ne peut pas être
considérée toujours comme purement volon=
taire ou comme ayant un but hostile ; qu'alors
en prononçant la condamnation contre un délit
imaginaire, ou contre une simple faute, on
excéderait la juste proportion qu'il doit y avoir
entre celle-ci et la peine ; pour me conformer
à la manière de voir de ladite *Mesa*, et remédier
aux abus qui peuvent s'ensuivre et que je dois
prévenir par un effet de mon infaillible justice,
il me plaît de déclarer que les susdites lois des
rois D. Joaô IV et D. Alphonse VI, ayant évi=
demment été établies pour prévenir et punir les
défections coupables, ne seront mises en vigueur
qu'en temps de guerre, attendu que c'est seule=
ment en raison de cette circonstance que la fuite
chez une puissance ennemie, et l'absence
faite dans un but hostile peuvent être qualifiées
de crime de lèse-majesté au premier chef, con=
formément à l'ordonnance, liv. 5, tit. 6, § 3.
On ne peut présumer, sans faire injure aux dits
rois et seigneurs qu'ils aient eu l'intention de

confondre avec ce crime les absences durant une paix réciproque où les motifs et les inconvénients qui peuvent leur donner le caractère atroce de la rébellion et haute trahison n'existent plus; ne voulant pas néanmoins laisser impunies les absences faites volontairement en temps de paix sans motif plausible, ordonne que les personnes qui en temps de paix sortiront de ces royaumes, sans s'être munies des passeports nécessaires, perdront au profit du fisc, pendant la durée de l'absence, le revenu des biens qu'elles posséderont : cependant dans le cas où cette absence aurait un motif plausible et tendrait à éviter quelque dommage, ce qui la distinguerait alors d'une absence volontaire, les biens de l'absent seront remis à ses plus proches héritiers, c'est-à-dire à ceux à qui ils auraient appartenu *in solidum*, si leur possesseur fût décédé *ab intestat*, ainsi qu'il est statué par l'ordonnance du liv. 1er. tit. 62, § 38, et devra s'accomplir entièrement selon son contenu.

Pourquoi : J'ordonne à la chambre de mon *Desembargo do Poço*, président de mon trésor royal; Regedor de la justice, chambres de mes rentes royales et d'outre-mer; tribunal de

Consciencia et Ordens; chambre du sénat, à tous les désambargadores, corregedores, provedores, magistrats, et autres justices, et officiers à qui appartient la connaissance de cet édit, de le faire accomplir et observer selon sa forme et teneur, sans doute ni opposition aucune, nonobstant quelques lois que ce soient, décrets ou résolutions contraires par lesquelles il est dérogé à cet égard seulement, les autres dispositions étant maintenues dans toute leur force. J'ordonne au docteur José Ricalde Pereira de Castro de mon conseil, et mon Desembargador do Paço, grand chancelier des royaumes et dépendances, de faire publier cet édit dans la chancellerie, passer par elle, et l'enregistrer où cela deviendra nécessaire ; en expédiant des copies sous mon sceau, et sa signature dans tous les lieux où l'on a coutume de transmettre de semblables lois, l'original devant être déposé dans mes royales archives, à la tour *de Tombo*.

Donné à Lisbonne, le 9 janvier 1792.

RHAINHA.

LUIZ DE VASCONCELLOS-et SOUSA.

Édit pour qu'il plaise à V. M. déclarer que les lois des seigneurs rois D. Joaô IV et D. Alphonse VI, sur les peines encourues par les vassaux qui s'absentent de ces royaumes pour aller à l'étranger, soient observées seulement en temps de guerre. Ceux toutefois qui, durant la paix, s'absenteront volontairement sans passeport, perdront au profit du fisc, jusqu'à leur retour, le revenu des biens qu'ils possèdent; néanmoins lorsque l'absence aura lieu dans le but d'éviter quelque dommage, ce qui la distingue de l'absence purement volontaire, les biens seront remis aux plus proches parents, en la manière indiquée plus haut. Pour V. M. voir. Par résolution de S. M. du 3 février 1790. Délibérer sur la consultation du Desembargo do Paço. — José Frederico Ludovico le fit écrire. — Joaquim José da Motta Cerveira le fit...

Ayant été constaté en présence du prince régent notre seigneur, que plusieurs personnes, oubliant que la défense de la patrie est un devoir sacré qu'impose la raison et la nature elle-même, cherchent par tous les moyens à se soustraire au recrutement de l'armée, et vont jusqu'à quitter le royaume sur des embarca=

tions qui sortent du port, et à bord desquelles ils sont reçus sans avoir les passeports nécessaires, ou avec ceux qu'on leur a délivrés inconsidérément, au mépris des lois et des mesures prises plusieurs fois à cet égard. S. A. R. voulant en conséquence prévenir un abus aussi scandaleux que préjudiciable, dans un moment surtout où les plus grands efforts deviennent nécessaires pour repousser et déjouer les tentatives de l'ennemi commun, il plaît à ce seigneur, en conformité de l'édit du 9 janvier 1792, rétablir dans leur entière et juste observation, durant la présente guerre, les édits des 6 septembre 1645, 8 février, 4 juillet et 5 septembre 1646, et 6 décembre 1660; et à ces causes il est déterminé: 1° qu'aucun ministre, soit de cette capitale, soit des provinces, ne pourra accorder de passeports pour sortir du royaume, les personnes qui les solliciteront devant recourir immédiatement à S. A. R. par l'intermédiaire des secrétaireries-d'état des affaires étrangères, de la guerre, ou de la marine, selon leur destination; 2° que toute personne, vassale de ce royaume, qui en sortirait sans passeports délivrés par les mêmes secrétaireries-d'état, encourra les peines de déna=

turalisation, consigne la perte de ses biens et dignités, suffisant à cet effet le simple fait de son départ, sans qu'une sentence ou une déclaration quelconque devienne nécessaire; 3° que les capitaines et patrons de navires portugais, soient obligés de déclarer, sur serment, que les individus inscrits sur leurs matricules respectives, appartiennent en réalité à leur équipage, sous peine de 200,000 reis, dont la moitié sera pour celui qui les dénoncera, et l'autre moitié pour les captifs, pour le dol et la fraude de ceux qui étaient compris dans cette affaire; 4° que les consuls des nations étrangères exigent de la part des maîtres de navires, l'assurance de ne point transporter les naturels de ce royaume, sans passeports des susdites secrétaireries-d'état, à l'effet de quoi on enverra à chacun desdits consuls une copie de cette détermination, signée par l'intendant-général de la police; 5° finalement, que les maîtres des embarcations étrangères, qui laisseront embarquer quelques Portugais que ce soit, sans le passeport désigné, soient condamnés à une amende de mille cruzados, applicable à la chambre royale; que les bateliers qui les auront conduits à bord des mêmes embarcations, au bas de la tour de Bélem, soient irrémissiblement condamnés à la perte de leurs barques, *au fouet* et *aux fers*, pour deux ans. Et pour que personne ne puisse prétendre cause d'ignorance de la détermination de cet ordre, l'intendant-général de la police le fera publier par édits, tant dans cette capi= tale, que dans les provinces du royaume, le même intendant étant chargé de son exécution, ainsi que les autorités civiles et militaires, en ce qui les concerne.

Palais du Gouvernement, le 10 octobre 1811, sous quatre rubriques des seigneurs gouverneurs du royaume.

Ordonne la Sérénissime Princesse Infante régente, au nom du roi, que le chancelier de la chambre de supplication, faisant fonctions de Regedor, lui fasse parvenir, le mercredi de chaque semaine, par les secrétaireries-d'état des affaires ecclésiastiques et de la justice, une liste de tous les procès pour crime de lèse-majesté, qui auront été ou seront remis aux juridictions criminelles de la cour, ou qui s'y trouveront pendantes avec la déclaration de la situation actuelle de chaque procédure. Il plaît aussi à S. A., ordonner, que le même chancelier de la chambre de la supplication, fasse savoir à tous et à chacun des juges qui assisteront à ces procédures, qu'ils doivent faire scrupuleusement, et sous la responsabilité la plus rigoureuse, observer dans toutes ce qui a été recommandé dans l'ordonnance du 16 septembre courant.

Fait au Palais d'Ajuda, le 23 septembre 1826.

José Antonio Guerreiro.

Dans la même forme et sous la première date a été expédiée au chancelier de la chambre criminelle, qui est chargé par *interim* du gouvernement des justices de la même chambre, en lui remettant copie de la précitée détermination.

DOCUMENT N° 5.

RAPPORT

Fait à la Chambre des Députés de la nation par Son Excellence le Ministre des Affaires étrangères.

MESSIEURS,

J'ai eu l'honneur, déjà deux fois, en séance secrète, de donner à cette Chambre un aperçu de l'état actuel de nos relations avec les principales puissances de l'Europe; aujourd'hui, en séance publique, non-seulement je répéterai ce que j'ai dit dans ces deux occasions, mais je donnerai tout le développement qu'il me sera possible à une matière aussi importante que délicate.

Messieurs, si pour le bien de l'État, les affaires qui me sont confiées exigent pendant quelque temps un profond secret, il arrive néanmoins une époque où le mystère est non-seulement superflu, mais encore criminel. Tous mes soins ont donc été de garder le secret tout le temps qu'il m'a paru nécessaire, mais pas un seul instant au-delà de cette limite, à laquelle, suivant ma faible intelligence, nous arrivons aujourd'hui.

Lorsque, le 3 août, l'Infante régente daigna m'appeler à son conseil, et me charger des affaires étrangères, le Portugal se trouvait dans des circonstances extrêmement difficiles. La Charte constitutionnelle venait d'être reconnue; cependant ce monument de sagesse et d'éternelle félicité, que nous avions reçu depuis peu de notre immortel souverain D. Pedro IV, était détesté par une nation voisine, et mal connue de presque toutes les autres, je ne parle pas de la Grande-Bretagne, qui depuis nombre de siècles applaudit à nos bonnes fortunes, et qui dans nos disgrâces a toujours été notre plus ferme appui.

Cependant, messieurs, si les grandes puissances ont été quelque temps indécises à notre égard, cette indécision néanmoins n'a pas été de longue durée. Le gouvernement français reconnut bientôt la légitimité et la sagesse de nos institutions, et par la voix du digne représentant de S. M. T. C., nous avons reçu de nouvelles assurances des intentions bienveillantes de ce gouvernement. L'empereur de Russie, dont les vertus et le savoir sont appréciés de toute l'Europe, à daigné dire, dans une audience accordée au ministre de Portugal, qu'il avait toujours reconnu la légitimité de nos institutions, et qu'il avait le plus grand intérêt à la prospérité du Portugal. Les instructions données par le gouvernement russe à son chargé d'affaires près de cette cour (et auxquelles il s'est conformé), ne laissent rien à désirer.

Quant à l'Autriche, que pourrions-nous désirer davantage d'elle, d'après les conseils que S. M. l'empereur veut bien donner à ce prince (D. Miguel) à qui l'auguste fondateur de la Charte, destina la main de sa fille notre auguste reine?

La Prusse a suivi exactement ce qu'avaient fait ses alliés.

Avant d'exposer l'état de nos relations avec l'Espagne, il m'a paru nécessaire de donner cette légère idée de notre position envers les grandes puissances de l'Europe. Si je n'ai pas parlé plus particulièrement de la Grande-Bretagne, c'est parce que cette grande et généreuse puissance se trouve tellement liée avec nous, qu'à tout moment je serai obligé de citer les efforts qu'elle a faits et se dispose à faire en notre faveur. N'eussions-nous que cet unique allié, nous serions à l'abri de toute crainte.

Aussitôt que, dans le mois de juillet, on se prépara à prêter le serment dû à la Charte constitutionnelle, le gouvernement espagnol redoubla d'intrigues, et les désertions commencèrent en Portugal. Les déserteurs portugais ayant été non-seulement accueillis, mais très fêtés en Espagne, provoquèrent leurs camarades à commettre le même crime. Quelques Portugais qui avaient été élevés à des dignités, et postes éminents, servirent d'émissaires à l'Espagne, invitant les soldats à la désertion, attaquant la légitimité de D. Pedro IV, et s'efforçant de montrer aux peuples ignorants que la constitution était ennemie du trône et de l'autel. A quel point de dégradation n'arrivèrent pas ces scélérats, indignes du nom de Portugais!

Mon premier devoir fut donc, quand j'entrai

au ministère, d'ordonner très positivement (comme on le voit par l'office joint), au chargé d'affaires près la cour de Madrid, qu'il exigeât de la part du gouvernement de S. M. C. l'accomplissement des traités existants entre le Portugal et l'Espagne. Cependant lors= que les ordres que j'avais envoyés au chargé d'affaires au nom de l'Infante régente, arrivè= rent à Madrid, il avait déjà refusé de prêter serment à la Charte constitutionnelle; en con= séquence, on ne donna pas suite aux dits ordres aussi promptement qu'on aurait dû le faire. Je ne puis m'empêcher de remarquer que la con= duite criminelle de ce fonctionnaire contribua beaucoup à la mauvaise direction que prirent nos relations avec l'Espagne. Dans ces circon= stances, l'infante régente décida que le comte de Villa Real irait à Madrid en qualité d'envoyé extraordinaire et ministre plénipotentiaire, pour faire accomplir les ordres que ledit chargé d'af= faires n'avait point exécutés.

Mais quel fut l'étonnement du gouvernement, quand il sut que le comte de Villa Real n'avait pas été reçu à la cour de Madrid. Ce seul fait suffisait pour motiver une rupture avec cette cour; le gouvernement, informé cependant que le cabinet de Madrid était dominé par une faction, et voulant d'ailleurs donner une preuve de la modération de ses principes ainsi que du vif désir qu'il avait de marcher en harmonie avec ses alliés, usa envers eux d'une grande prudence, en donnant au ministre qui avait été nommé, l'ordre de ne s'occuper exclusivement que de l'accomplissement des traités, ou tout au moins de la remise des effets volés et emportés en Espagne par les déserteurs portugais, du renvoi de ceux-ci de la frontière, ainsi que de leur dispersion, puisque par les traités nous avions le droit de requérir non-seulement cela, mais aussi la remise des hommes, tant pour cause de désertion, que pour s'être rendus coupables du crime de haute trahison.

Il nous semblait que le gouvernement espagnol n'aurait pas dû rester un seul instant sans faire droit à nos réclamations; cependant il n'en fut point ainsi, malgré la puissante intervention du gouvernement anglais, qui s'occupa de nos intérêts comme des siens propres. Qu'il me soit permis, comme Portugais, de manifester ma gratitude au grand monarque qui préside aux des=

tins de la Grande-Bretagne, à son ministère illustre, au ministre britannique près la cour de Madrid, et très particulièrement à mon noble et respectable ami sir W. A'court, à qui les intérêts du Portugal sont aussi chers que s'il y était né [1].

[1] D'après les paroles de ce rapport, on voit qu'il existait la plus grande intimité entre le ministre des affaires étrangères et l'ambassadeur anglais; cette intimité était déjà très fâcheuse, mais ce qui ne l'était pas moins, c'était de la proclamer ainsi au sein de la chambre nationale, et de se montrer si empressé de persuader au public que rien n'était plus réel. C'est à cause de ces intimités des ministres portugais avec les ministres anglais, que le Portugal est réduit à l'état où nous le voyons : n'eût-il pas mieux valu que les ministres portugais aimassent un peu plus leur patrie et un peu moins les ministres étrangers? Le ministre dit formellement, qu'en séance secrète il a déjà fait connaître à la Chambre la malheureuse situation du Portugal ; comment se fait-il que Son Excellence ne donne cette communication au public qu'après le retour à Lisbonne de M. Pedro Mello Brayner? Dès son arrivée, cet honorable ministre, que la régente avait rappelé de l'ambassade de Paris, pour lui confier le portefeuille de la justice, promit de dévoiler la grande intrigue, et en effet déclara tout dans la chambre des pairs ; et si M. le ministre des affaires étrangères ne marcha pas d'accord avec M. Brayner, du moins est-il à présumer que son bon génie lui avait soufflé quelque chose des bonnes intentions de cet excellent ministre.

Il y avait déjà long-temps que l'on ne pouvait rien obtenir du gouvernement espagnol, nonobstant les promesses réitérées, faites tant au comte de Villa Real, qui, sans caractère reconnu, continuait de résider à Madrid, qu'au ministre anglais, et aux autres représentants des grandes puissances, qui ne discontinuaient pas de conseiller *la prudence* au gouvernement portugais, conseil qu'il a suivi jusqu'à présent, parce qu'il lui a paru convenable.

Enfin, à force d'être sollicité, le ministre des affaires étrangères de S. M. C. déclara que les ordres nécessaires pour la remise des effets volés par les déserteurs avaient été expédiés; que les déserteurs seraient promptement dispersés, que l'infâme vicomte de Canellas serait renvoyé d'Espagne, etc. Mais ces ordres furent-ils expédiés? je l'ignore; furent-ils exécutés? non certainement. Les capitaines-généraux qui devaient être les exécuteurs de ces ordres, ne les ont jamais reçus. *Est-il possible qu'un gouvernement porte à ce degré la perfidie et l'immoralité!!!*

Voyons maintenant ce que, du consentement des autorités espagnoles, faisaient pendant ce temps les rebelles portugais ; une partie sur les frontières cherchaient par tous les moyens possibles à inquiéter et à séduire les peuples voisins; les uns formaient le dessein d'attaquer le Portugal; d'autres, réunis en grand nombre, prêtaient serment contre leur souverain légitime et contre les lois fondamentales de la monarchie portugaise, jusqu'à proclamer des princes étrangers comme ayant des droits à la couronne de Portugal. Tel est la dégénération de ces monstres, et tout cela, messieurs, a été souffert par les autorités, et tout cela est venu à la connaissance du gouvernement espagnol.

Le moment où le masque devait tomber arriva enfin ; le gouvernement espagnol promettait encore la restitution des armes au gouvernement portugais, que non-seulement ces armes, mais encore une grande quantité d'autres avaient été mises entre les mains des rebelles, qui attaquaient le Portugal sur plusieurs points. Messieurs, je ne puis parler d'un aussi horrible attentat sans me couvrir de deuil et me remplir d'indignation. Que ce soit le seul exemple de la déloyauté portugaise, et puisse l'histoire cacher à la postérité une action aussi infâme.

S. A. S. l'Infante régente, n'eut pas plustôt reçu la nouvelle de l'entrée des rebelles, qu'elle me donna immédiatement l'ordre d'envoyer une note à l'ambassadeur d'Espagne, pour lui faire savoir qu'il était suspendu de ses fonctions jusqu'à ce que le cabinet de Madrid donnât une explication claire et satisfaisante de l'attentat commis. Deux courriers furent promptement expédiés pour Madrid, afin de porter l'ordre à celui qui était chargé de la correspondance, qui se trouve ici, d'exiger non-seulement la satisfaction, mais la reconnaissance du gouvernement actuel, sous quarante-huit heures.

Si le gouvernement espagnol ne nous satisfait point, non en paroles, mais en actions, on ne pourra plus douter qu'il ne veuille continuer à nous faire la guerre; je dis continuer, puisque ce qu'il a déjà fait est une guerre véritable; cependant s'il en advenait ainsi, et que nous eussions besoin de secours, nous avons notre fidèle et puissant allié qui s'empresserait de venir à notre aide. L'Angleterre ne tardera pas un moment à nous secourir, et comme le gouvernement est déjà autorisé par les deux Chambres à admettre des troupes étrangères sur le territoire portu=

gais, il usera de cette faculté avec circonspection, mais il n'hésitera pas un seul instant, quand il verra que cette mesure est nécessaire pour le salut de l'État. Je dois néanmoins annoncer à la Chambre que, le Portugal se trouvant attaqué et pouvant l'être encore par une force supé=rieure, je me suis déjà adressé au gouvernement anglais pour que, suivant ce qui est stipulé dans les traités, il nous envoyât la force néces=saire afin de nous aider contre nos ennemis. Je vous le répète, messieurs, nous pouvons et devons nous confier entièrement à notre fidèle et antique allié.

Je crains déjà d'avoir trop abusé de l'attention de la Chambre; toutefois je crois ne pas devoir terminer sans avoir dit à quoi j'attribue princi=palement la conduite du gouvernement espa=gnol.

1º A la rébellion des Portugais, surtout du vicomte de Canellas, du marquis de Chaves, du vicomte de Monte-Algre, Magessi, etc., etc.;

2º La junte apostolique qui domine depuis long-temps le gouvernement espagnol; cette junte apostolique dont les ramifications s'éten=dent jusqu'en Portugal, est composée d'hommes qui, sous le masque de la religion et du royalisme, préméditent les crimes les plus horribles. Cette infâme société est sans doute la peste la plus terrible des sociétés modernes, et doit être considérée comme le plus grand ennemi du trône, de l'autel et de la civilisation.

La troisième cause qui apporta de grands obstacles à nos négociations, fut le marquis de Moustier, ambassadeur de France à Madrid. Il est nécessaire de ne pas confondre ce diplomate avec le gouvernement qu'il représente, avec ce gouvernement duquel, comme je l'ai déjà dit, nous avons reçu les plus grandes assurances d'amitié, et en la sincérité duquel j'ai, comme je le dois, toute la confiance possible.

Cependant, je le répète, le marquis de Moustier, pour avoir refusé d'accomplir les instructions qu'il reçut de son gouvernement, a été très préjudiciable à la cause du Portugal; c'est lui qui a paralysé les bons offices que S. M. T. C. voulait nous rendre.

Je crois ne pas devoir fatiguer davantage l'attention de la Chambre; si elle désire avoir une connaissance approfondie de l'état de nos relations avec l'Espagne, je pourrai lui présenter toute la correspondance quelle a eue au sujet de la mission de Madrid, ainsi que tous les autres documents propres à répandre un jour quelconque sur l'état de la question ; puissent mes efforts être utiles à notre patrie, et moi mériter toujours le nom de Portugais, unique gloire que j'ambitionne !

INSTRUCTION

POUR JOACHIM SEVERINO GOMES.

Par les documents ci-inclus, V. S. connaîtra les mouvements séditieux qui se sont manifestés dans quelques corps de l'armée stationnés sur différents points, et la rébellion ouverte ainsi que la défection de quelques-uns d'entre eux, sous la direction d'officiers indignes de leurs grades et de la confiance du gouvernement.

Ces mouvements séditieux, plus déplorables qu'alarmants, vu la fidélité que la majorité des troupes a montrée, et le sentiment général des différentes classes de la nation, pleines de dévouement, d'amour et d'enthousiasme pour l'auguste personne du roi, pour les institutions émanées de sa haute sagesse, et pour la Sérénissime Infante régente, auraient été promptement réprimés et punis dans la personne de leurs instigateurs, si les autorités civiles et militaires de la frontière espagnole eussent agi de concert avec les commandants des provinces portugaises, conformément aux traités existants entre les deux nations; mais V. S. verra par les mêmes documents, de quelle manière lesdites autorités éludèrent d'accomplir les conditions stipulées dans les différents traités et conventions, soit en insinuant que l'exécution de mesures dont la promptitude fait en général tout le succès, devait dépendre de négociations toujours trop lentes; soit même, selon des avis dignes de foi, en prêtant assistance aux rebelles. Dans ces circonstances, la Sérénissime Infante régente, pénétrée d'une juste indignation, en voyant que le serment militaire, ame de la sûreté des trônes, était indignement violé, et en reconnaissant en même temps que les sous-officiers et les soldats, séduits par leurs chefs, avaient eu l'audace de commettre cet attentat par imprudence et ignorance, ordonna (comme V. S. le verra par le décret ci-joint) que les corps des rebelles seraient licenciés, et que leurs numéro seraient rayés des contrôles de l'armée, en accordant aux caporaux anspessades et soldats, un délai et un moyen d'échapper à la peine qu'ils avaient encourue par leur trahison.

D'un autre côté, la S. Infante régente étant persuadée que S. M. C. n'a pas eu connaissance de pareils mouvements, à cause de la conduite des autorités mentionnées, ordonne que V. S., sans perdre de temps, instruise le gouvernement de ces faits, et lui fasse sentir que les susdits régiments étant licenciés, le délai accordé aux sous-officiers et soldats étant expiré, tous les autres individus desdits corps qui resteront sur le territoire espagnol, seront déclarés coupables du crime de lèse-majesté, comme convaincus de rébellion ouverte contre leur roi légitime. En conséquence, et conformément aux conventions existantes, ils devront être livrés aux autorités portugaises compétentes, ou, au moins, mis dans un lieu de sûreté, jusqu'à l'instruction de leur procédure ; et leur crime étant prouvé, ils seront remis aux autorités portugaises qui les réclameront ; les chevaux, armes, munitions, argent, etc., etc., appartenant aux rebelles, seront également saisis par les autorités militaires dans les places d'Elvas et Chavès; lesdites autorités seront en outre tenues de les renvoyer à notre gouvernement, qui a le droit de les réclamer.

L'Infante régente ordonne que V. S., en qualité de courrier extraordinaire, ne demeure que le temps nécessaire ; et elle espère que V. S. montrera l'intelligence, le dévouement et l'activité qui l'ont toujours distinguée dans sa longue et honorable carrière, pour son royal service.

Dieu garde Votre Seigneurie,

Fait au Palais, le 7 août 1826.

D. Francisco d'Almeida.

Pour copie conforme,

José Bazilio Radamaker.

POUR LE COMTE DE CASA FLORES.

Le ministre secrétaire-d'État des affaires étrangères, soussigné, a l'honneur de communiquer à S. E. le comte de Casa Flores, que le gouverneur de la province de Alemtéjo, ayant donné avis que le corps formé par les rebelles portugais qui s'étaient réfugiés en Espagne, était entré hier dans la ville de Viçosa, et que les autorités espagnoles leur avaient fourni des armes à cet effet ; qu'en outre cinq cents fusils avaient été distribués à des paysans portugais qui se trouvaient sur la frontière, et qu'un parc d'artillerie légère se disposait à marcher sur Badajoz, par ordre supérieur, pour se réunir aux insurgés; tout cela contre le droit des gens, et au mépris des promesses qui ont été faites plusieurs fois et signées, tant par S. E. le comte de Casa Flores, que par le comte de Villa Réal et le ministre de S. M. B. à Madrid, pour S. E. D. Manoel Salmon.

En conséquence d'une conduite aussi extraordinaire, étrange entre les nations civilisées, le soussigné se voit obligé de faire connaître au comte de Casa Flores, d'après l'ordre qu'il a reçu de l'Infante régente, que tant que le gouvernement de S. M. C. n'aura pas donné une explication claire et satisfaisante, au sujet d'une insulte aussi inouïe que celle qui vient d'être tentée, S. E. le comte de Casa Flores sera considéré comme suspendu de ses fonctions d'ambassadeur.

Le soussigné a l'honneur de prévenir S. E. le comte de Casa Flores, qu'on a pris toutes les mesures pour que, d'une manière quelconque, on ne manque pas au respect dû à la personne et à la maison de son S. E.

Le soussigné profite de cette occasion pour renouveler à S. E les protestations de sa haute considération.

Palais d'Ajuda, le 27 novembre 1826.

D. Francisco d'Almeida.

Pour copie conforme,
José Bazilio Rademaker.

Le plan des déserteurs est de faire marcher la division Magesi avec la troupe qui est à la Serena, sur *Castello-Branco*, par la route de *Rosmaninal* et *Segura*. Le vicomte de Monte-Alegre, avec la troupe qui est à *Palencia*, marchera sur Salamanque, où il rencontrera la cavalerie, qui doit arriver de *Lugo*. A Salamanque, quelques régiments seront détachés pour attaquer le sud de la province de *Tras-os-*

Montes, et ils iront jusqu'à *Moncôrvo*; le reste de la division entrera par Villar-Maior pour aller occuper la ville *da Guarda*, et ouvrira une communication avec *Castello-Branco*, qui sera occupé alors par la division Magesi. Ces deux divisions dirigeront leurs opérations tant sur *Lisbonne* et Coimbra que sur Alem-Téjo et Tras-os-Montes. La division de Madureira, restée à *Lugo*, marchera sur Monte-Rei, pour attaquer la place de Chavès, et se placera devant Monforte.

Dans le cas où Beira-Alta serait défendue, toute la division de *Palencia* occupera *Bragança*, pour soulever la province de Tras-os-Montes, et passera ensuite à celle de *Beira-Alta*.

Pour copie conforme,
José Bazilio Rademaker.

Division royaliste de Alem-Téjo.

Le général commandant de la division ordonne que *la messe* de demain soit pour les sept heures et demie du matin, et qu'à neuf heures les officiers porte-drapeaux et étendards, et cadets, se réunissent au quartier-général, pour prêter le serment de fidélité à D. Miguel Ier et à ses successeurs ; les employés civils de l'armée, et les bourgeois nobles attachés à la division, se réuniront à la même heure; et à quatre heures et demie du soir, tous les corps de la division, ainsi que la bourgeoisie, se réuniront à la place de la parade, près du couvent des Franciscains; et là, il sera ordonné aux commandants de former un cercle chacun avec sa compagnie respective ; les bourgeois de la deuxième classe pourront se joindre aux compagnies, pour prêter serment pareil à celui des officiers.

Le commandant de chaque compagnie devra avoir *un livre de messe, un crucifix ou une croix,* avec laquelle il se placera au centre de leur cercle, et ayant fait lever la main droite, le bras tendu vis-à-vis de lui, il prononcera le serment, que tous ses subordonnés devront répéter unanimement, de la manière suivante :

« Je jure de maintenir et défendre les droits
» de la légitimité du seigneur roi de Portugal
» et des Algarves, D. Miguel Ier, mon maître;
» de résister, au péril de ma vie, en répandant

» tout mon sang pour rendre valable et con=
» stante l'acclamation que je fais dudit seigneur
» roi et de la régente, son auguste mère, l'im=
» pératrice et reine notre maîtresse, durant
» l'absence de Sa Majesté le seigneur D. Miguel,
» dans la journée du 31 juillet de la présente
» année; et si le même auguste seigneur D. Mi=
» guel venait à décéder sans succession légi=
» time, je reconnais pour héritière et souveraine
» du royaume de Portugal, Algarves, îles ad=
» jacentes, et possessions d'outre-mer dépen=
» dantes de la souveraineté de Portugal, S. A. R.
» la sérénissime princesse de Beira, D. Maria
» Théréza, et après sa mort (que Dieu l'en
» préserve!), S. A. le sérénissime seigneur in=
» fant D. Sebastiaô de Bragança et Bourbon,
» son auguste fils, Portugais d'origine, de
» naissance, ainsi que par le contrat solennel
» du mariage de ses illustres parents; enfin,
» je jure également de défendre jusqu'à la mort
» tous les susdits droits, aussi sacrés que légi=
» times, et de n'en pas reconnaître d'autres,
» quels qu'ils soient, comme ayant été usurpés
» et imposés par la force, et entièrement oppo=
» sés aux lois fondamentales du royaume, qui

» font l'union des vassaux ainsi que des sou=
» verains : Dieu m'assiste ainsi, et non au=
» trement. »

Quartier-général de Villa Nova de la Serena, 21 septembre 1826.

L'adjudant-général, ABREW. — Pour copie conforme à l'original, Antonio Joaquim GUER= REIRO, capitaine adjudant-d'ordre, faisant les fonctions de secrétaire militaire. — Pour copie conforme, D. Luiz Victorio de NERONHA.

Pour copie conforme,
JOSÉ BAZILIO RADEMAKER.

Division royaliste d'Alem-Téjo.

Acte du serment prêté par cette division pour défendre les droits de la légitimité du seigneur roi de Portugal D. Miguel Ier, notre maître. Année de la naissance de N. S. J.-C., le 22 septembre 1826, à Villa-Nova de la Serena, royaume d'Espagne, au quartier-général du commandant de la susdite division, Antonio Tavares Magessi de Carvalho, Fidalgo, chevalier de la maison de S. M. T. F., commandeur pro= fès de l'ordre militaire de Saint-Bento d'Avis, et brigadier-général des armées du même au=

guste seigneur, furent présents les soussignés, à qui le même brigadier, après avoir juré en présence des saints Évangiles, sur lesquels il posa sa main droite, défère le même serment, qui est ainsi conçu : « Je jure de maintenir et de
» défendre les droits de la légitimité du seigneur
» roi de Portugal et des Algarves D. Miguel Ier,
» notre maître, et de soutenir au péril de ma vie,
» en répandant tout mon sang, pour rendre va=
» lable et constante l'acclamation que je fais du
» même seigneur roi, et de la régence de S. A.
» mère l'impératrice et reine, notre maîtresse,
» durant l'absence de S. M. le seigneur roi
» D. Miguel, le jour 31 juillet de la présente
» année. Et si le même auguste seigneur D. Mi=
» guel Ier décédait sans succession légitime, je re=
» connais pour héritière et souveraine des royau=
» mes de Portugal, Algarves, îles adjacentes et
» autres possessions d'outre-mer, dépendantes de
» la souveraineté de Portugal, S. A. R. la séré=
» nissime princesse de Beira Dona Maria Théréza,
» et après sa mort (que Dieu l'en préserve!)
» S. A. S. le seigneur infant D. Sebastiaô de Bra=
» gança et Bourbon, son auguste fils, Portugais
» d'origine, de naissance, ainsi que par le con=

„ trat de mariage de ses augustes parents. Enfin,
„ et je jure également de défendre jusqu'à la mort
„ tous les droits aussi sacrés que légitimes, et de
„ ne jamais en reconnaître d'autres, comme étant
„ usurpés et imposés par la force, et entièrement
„ opposés aux lois fondamentales du royaume,
„ qui unissent les vassaux ainsi que les souve-
„ rains : Dieu m'aide ainsi et non autrement." Pour
preuve de la vérité référée, et pour constater
en tout temps, et pouvoir arriver dans les mains
de S. M. T. F. le seigneur D. Miguel Ier, et
de l'impératrice et reine, notre maîtresse, lé=
gitime régente de Portugal, et de S. A. R. la sé=
rénissime princesse da Beira D. Maria Thé=
reza, héritière immédiate de la couronne de
Portugal, et de S. A. S. le seigneur infant
D. Sebastiaô, successeur de S. A. mère : moi,
Don Joaô de Abreu da Silva Lobo, adjudant-
général de division, par ordre du général com=
mandant ladite division, j'ai souscrit et signé
cet acte, duquel on tirera trois copies authen=
tiques et un *duplicata de l'original, pour être
déposé aux archives de la division*. Magessi
D. Joaô d'Abreu da Silva Lobo, adjudant-
général ; Antonio Tavares Magessi, brigadier-

général commandant ; Caetano Alterto de Sousa Canavarro, colonel du 17ᵉ régiment ; Joaô Borges Cerqueira d'Alpoim et Menezes, lieutenant-colonel du 2ᵉ régiment de cavalerie ; José Severiano da Gama Lobo Pimentel, lieutenant-colonel d'ordonnance de Villa-Viçosa ; José Antonio de Lonza et Menezes, lieutenant-colonel des milices de Villa-Viçosa ; Francisco Eduardo de Brincken, major du 17ᵉ régiment ; D. Francisco Xavier da Silva Lobo, major d'infanterie ; D. Joaô d'Abreu da Silva Lobo, major adjudant-général ; José Antonio Franco, major du 17ᵉ régiment ; Fernando Pereira da Gama, major des chasseurs n° 7 ; Francisco Henriques Teixeira, major et quartier-maître-général ; Francisco Teixeira Lobo, major du 2ᵉ régiment de cavalerie ; Joaô Nicesso Berges de Sousa et Mello, major gradué du 17ᵉ régiment ; Louis José Nogueira Velho, capitaine de cavalerie n° 2 ; José Guilherme dos Santos, capitaine du 17ᵉ régiment ; Antonio Sardinha d'Andrade, capitaine du 17ᵉ régiment ; Joaô Antonio Boquete, capitaine du 17ᵉ régiment ; Joaquim José de Santa Anna, capitaine du 17ᵉ régiment ; Luiz Antonio Figueira, capitaine du 17ᵉ régiment; Diniz Salustiano das Neves, capitaine du 17e régiment; Vicente Francisco da Conceiçaô, capitaine quartier-maître du 17e régiment; Germano Antonio Rodrigues Cazalino, chirurgien-major du 17e régiment; Manoël José Velez, capitaine quartier-maître du 5e régiment d'infanterie; Francisco da Costa Damaso, capitaine gradué du 2e régiment de cavalerie; Ignacio da Costa de Carvalho, capitaine du régiment des milices de Villa-Viçosa; Francisco de Paula et Silva, capitaine du régiment des milices de Villa-Viçosa; Antonio Joaquim Guerreiro, capitaine adjudant d'ordres; Joaô Antonio Mizurado, lieutenant du 2e de cavalerie; Bernardo Antonio de Souza, lieutenant du 2e de cavalerie; José Bernardo de Carvalho, lieutenant du 17e régiment; Antonio Verissimo Villarelho, lieutenant du 17e régiment; José Bernardo da Silva, lieutenant du 17e régiment; Francisco José Massano, lieutenant du 17e régiment; Marçal José de Mira, lieutenant du 17e régiment; Manoel Barâo, lieutenant du 17e régiment; Joaô Augusto Rego Maia, lieutenant du 17e régiment; José Joaquim das Dores Saraiva, lieutenant adjudant du 17e régiment;

Antonio Eleutherio do Rego Maio, lieutenant du 5e d'infanterie; Gonçalo Lobo de Vasconcellos, lieutenant du 8e d'infanterie; Matheus Francisco Padraô, lieutenant du 5e d'infanterie; José de Santiago, officier du 2e de cavalerie; José Joaquim Perdigaô, officier du 2e de cavalerie; Antonio José Mendes, adjudant du 2e de cavalerie; Bente Luiz, officier piqueur; le *Père Manoel Joaquim d'Abreu*, aumônier du 2e de cavalerie; Antonio Joaquim Morteira, officier du 17e; Luiz José da Veiga, adjudant du 17e; Manoel do Rosario Boquete, officier du 17e; Antonio José Nunes do Valle, officier du 17e; Joaô Salustiano Amado, officier du 17e; Ignacio Antonio Paulo, officier du 17e; Gomes do Rego Maia, officier du 17e; Adriano Emilio de Miranda, officier du 17e; le *Père José Antonio Augusto*, aumônier du 17e; Gomes Sardinha da Ponte Anjo, officier du 5e d'infanterie; Leocadio José Vellez d'Ataide Banazol, officier annexé aux places détachées; José Nepomuceno Tavana, officier annexé aux milices; José Antonio Peres Pereira, porte-drapeau du 2e de cavalerie; Diogo Maria Lopes Mizurado, cadet du 2e de cavalerie; Augusto Luiz

Bertholé, porte-drapeau du 2e de cavalerie; Damiaô de Souza da Silva Cardoso, cadet du 17e; Thomaz José de Carvalho, cadet du 17e; Estevao da Silveira Menezes, cadet du 17e de cavalerie; José Joaquim da Costa Padilha, cadet du 2e de cavalerie; Rafael Reixa Barantes, cadet du 8e de cavalerie; Antonio José Boquete, cadet du 17e; Joaô Theodosio, cadet du 17e; Joaô Joaquim de Mello Fragoso, cadet du 17e; Antonio Franco Correia, cadet du 17e; Francisco de Paula da Veiga, cadet du 17e; Antonio Maria de Figueiredo Pinto, cadet du 17e; Maximiano Eduardo de Pina et Andrade, cadet du 17e; Francisco Manoel Verdeilho de Mattos, cadet du 17e; D. Joaquim Xavier da Silva Lobo, cadet des chasseurs n° 1. Officiers libres attachés à la division : Antonio José Velloso, lieutenant-colonel inspecteur des revues; Nimo Antonio Negrito, premier écrivain de l'armée; Jéromyno de Carvalho Aguiar, médecin de l'armée; José Bernardo Fangueiro, second garde livre; Christovaô Maria dos Santos, pharmacien. Bourgeois, nobles attachés à la division : José Maria da Costa Fonseca Mexia; José Francisco da Gama Lobo Pimentel; Joaquim da Conceicâo Rico, capitaine de Malte. Terme de la Clôture. Le même jour, mois et an, a été conclu le mentionné serment, avec les formules exprimées et déclarations contenues dans l'acte d'ouverture. Et pour constater, le susdit général commandant de la division ordonna de fixer ce terme, que moi, D. Joaô d'Abreu da Silva Lobo, j'ai souscrit et signé. — D. Joaô d'Abreu da Silva Lobo, major adjudant-général. — Pour copie conforme, D. Luiz Victorio de Neronha. [1]

Pour copie conforme,

José Bazilio Radamaker.

[1] Aujourd'hui cette longue liste de signataires peut paraître un hors-d'œuvre... Cependant il n'est pas sans utilité de la reproduire ici, ne fût-ce que pour livrer au mépris des contemporains et de la postérité, les véritables noms des parjures qui, après avoir solennellement prêté serment à la constitution de Sa Majesté D. Pedro IV, eurent, dans la même journée, l'infamie de se déclarer presque tous en faveur de la rébellion.

DOCUMENT N° 6.

EXTRAIT

Du Supplément de la Gazette de Lisbonne.

MINISTÈRE DE L'INTÉRIEUR.

LETTRE-PATENTE.

Dom Joaô, par la grâce de Dieu, roi du royaume-uni de Portugal, etc., etc., aux vassaux de tous les États de mes royaumes et seigneuries, salut. Je fais savoir à ceux qui cette lettre-patente verront, que par ma lettre-patente, donnée le 13 mai de l'année courante, il me plut de prendre en ma haute considération tout ce qui convenait et devenait nécessaire au service de Dieu et au bien de tous les peuples que la divine Providence confia à ma souveraine direction, pour mettre un terme aux maux et dissensions qui ont affligé le Brésil, dans les graves dommages et pertes, tant de ses habitants que de ceux du Portugal et de ses domaines. Mon paternel zèle s'occupa constamment de considérer combien il convenait de rétablir la paix, l'amitié et la bonne harmonie entre des peuples frères, que les liens les plus sacrés doivent concilier et unir dans une alliance perpétuelle. Pour atteindre un but aussi important, avancer la prospérité générale et assurer l'existence politique et les destins futurs des royaumes de Portugal et Algarves, ainsi que ceux du royaume de Brésil, que j'ai élevé avec plaisir à cette dignité, prééminence et dénomination par lettre-patente du 16 décembre 1815, en vertu de quoi ses habitants me prêtèrent depuis un nouveau serment de fidélité dans l'acte solennel de mon acclamation à la cour de Rio-Janeiro; voulant d'une seule fois surmonter les obstacles qui pourraient empêcher et s'opposer à ladite alliance, concorde et félicité de l'un et l'autre royaumes, comme un père vigilant, tout occupé du meilleur établissement de ses enfants, il me convient de céder et transmettre à mon fils le plus aimé et le plus prisé de tous, D. Pedro de Alcantara, héritier et successeur de ces royaumes, mes droits sur ce pays, créant et reconnaissant son indépendance avec le titre d'Empire, me réservant toutefois le titre d'empereur du Brésil. Mes intentions sur cet important objet se trouvent arrêtées ainsi qu'il conste du traité d'amitié et d'alliance conclu à Rio-Janeiro, le jour 29 août de la présente année, ratifié par moi aujourd'hui, et proclamé incessamment à tous mes fidèles sujets; ledit traité devant accroître les biens, les avantages de mes peuples, ce qui est la plus pressante sollicitude de mon cœur paternel. Dans de telles circonstances, il me plaît de prendre le titre d'empereur du Brésil, reconnaissant mon dit fils, le plus aimé et le plus prisé de tous, D. Pedro de Alcantara, prince royal de Portugal et Algarves, avec le même titre aussi d'empereur, et l'exercice de souveraineté dans tout l'empire; et j'ordonne que dorénavant je sois ainsi reconnu avec le traitement correspondant à cette dignité; j'ordonne en outre, que toutes les lois, lettres-patentes, diplômes ou titres quelconques qu'on a coutume d'expédier en mon royal nom, soient revêtus de la formule suivante : *Don Joaó, par* la grâce de Dieu, *Empereur du Brésil, roi des royaumes de Portugal et Algarves*, etc., etc. ; que les édits soient ainsi conçus : Moi, l'Empereur du Brésil et Roi, je fais savoir, etc. ; que les suppliques et autres papiers qui me sont adressés, ou à mes tribunaux auxquels j'ai concédé mon traitement, soient formulés de la manière suivante : *A Votre Majesté impériale et royale ;* que la direction des offices apportés à ma royale présence, ou par mes secrétaires d'État, ou par mes tribunaux soit rédigés dans la teneur suivante : *A l'Empereur et Roi, notre seigneur ;* et que les autres offices soient ainsi conçus : *Du service de S. M. impériale et royale.*

Et celle-ci qui, dès à présent est donnée sous le titre d'Empereur et Roi, s'accomplira aussi entièrement selon sa forme et teneur, sans doute, ni opposition aucune, quelle qu'elle soit. En vertu de quoi j'ordonne à la *meza do desembargo do paço ; meza de consciencia et ordens* ; régisseur da casa da supplicaçao ; conseils de ma *real Frazenda* et de mes domaines d'outre-mer, gouverneur de ralaçao et casa do Porto ; président de la chambre du sénat, gou=

verneurs das *Armas*, capitaines-généraux, désembargadores, corregedores, juges, magistrats civils et criminels de ces royaumes et leurs domaines à qui et auxquels la connaissance de la présente, dans quelque cas que ce soit, parviendra de l'accomplir, observer et faire entièrement et littéralement accomplir et observer selon sa forme et teneur sans hésitations ou interprétations qui altèrent ses dispositions, nonobstant toutes autres lois, réglements, édits, lettres royales, notes, intitulés de Cortès, dispositions ou styles passés ou introduits d'une manière contraire, parce que tous et toutes de mon propre mouvement, certaine science, pouvoir royal plein et suprême, j'abolis et regarde comme abolis, ni plus ni moins que si je faisais d'eux une mention spéciale de toutes leurs parties, et ce nonobstant l'ordonnance qui détermine le contraire, laquelle j'abolis aussi pour cet effet seulement, les autres restant toujours dans leur vigueur. Et au docteur Joaô de Mattos et Vasconcellos, Barboza, de Magathaes, desembargador do paço, de mon conseil, faisant fonction de grand chancelier de ces royaumes, j'ordonne qu'il les fasse publier à la chancel=

lerie et qu'il en soit remis des copies aux tri=
bunaux chefs-lieux de commerce et villes de ces
royaumes et ces domaines, enregistrant dans
tous les lieux où l'on a coutume d'enregistrer
de semblables lois, et envoyant l'original à la
Torro do Tombo.

Donnée au palais de Mafra, le quinze du mois
de Novembre, l'année de la naissance de notre
seigneur Jésus-Christ, de 1825.

Empereur et Roi. — Comguarda.

José Joaquim de Almeida, Araujo Correa de Lacerda.

Lettre de loi, constitution générale, et édit
perpétuel, par lequel. M. I. et R., en con=
séquence de ce qui plut de pourvoir par sa lettre
patente du 13 mai de l'année courante, et du
contrat célébré par le traité du 29 août de la
même année; il lui convient de prendre doré=
navant le titre d'empereur du Brésil, uni aux
autres titres de sa couronne royale, prenant à
ce sujet les mesures convenables; le tout en la
forme déclarée plus haut.

Pour Votre M. I. et R. voir,

José Balbino de Barboza et Aranjo le fit.

MINISTÈRE DES AFFAIRES ÉTRANGÈRES.

D. Joaô, par la grâce de Dieu, empereur du Brésil et roi de Portugal et des Algarves, etc.

Je fais savoir à ceux qui la présente lettre de confirmation et ratification verront, que le 29 août de la présente année, il a été conclu et arrêté, à la ville de Rio-Janeiro, entre moi et le sérénissime prince D. Pedro, empereur du Brésil, mon fils le plus aimé et le plus prisé de tous, par les plénipotentiaires respectifs, munis de pouvoirs compétents, un traité de paix et d'alliance, dont la teneur suit:

Au nom de la très sainte et indivisible Trinité, S. M. T. F. ayant constamment dans ses royales intentions les plus vifs désirs de rétablir la paix, l'amitié et la bonne harmonie entre des peuples frères que les liens les plus sacrés doivent concilier et unir en perpétuelle alliance, pour obtenir un but aussi important, avancer la prospérité générale et assurer l'existence politique et les destins futurs du Portugal, ainsi que ceux du Brésil; et voulant en même temps surmonter tous les obstacles qui puissent empê=

cher ladite alliance, concorde et félicité de l'un et l'autre État, par son diplôme du 13 mai de l'année courante, il a reconnu le Brésil empire indépendant et séparé des royaumes de Portugal et Algarves, et le plus aimé et le plus prisé de tous, son fils D. Pedro pour empereur, cédant et transférant de sa libre volonté, la souveraineté dudit empire à son même fils et ses successeurs légitimes, prenant seulement et réservant pour sa personne le même titre. Et ces augustes seigneurs acceptant la médiation de S. M. Britannique, pour l'arrangement de toute la question incidente à la séparation des deux États, ont nommé des plénipotentiaires, savoir : S. M. T. F. : très illustre et très puissant chevalier, sir Carlos Stuart, conseiller privé de S. M. Britannique, grand'croix de l'ordre da Torre de Espana et de l'ordre do Banho; S. M. I., le très illustre et très puissant seigneur Luiz José de Carvalho et Mello, de son conseil d'État, dignitaire de l'ordre impérial de Cruzeiro, commandant des ordres de Christo et da Conceiçao, et ministre secrétaire d'État des affaires étrangères; le très illustre et très puissant seigneur, le baron de

Santo-Amaro, grand de l'empire, du conseil d'État, gentilhomme de la chambre impériale, dignitaire de l'ordre impérial do Cruzeiro et commandeur des ordres du Christo da Torre et Espada ; et le très illustre et très puissant seigneur Francisco Villela Barboza, du conseil d'état, grand'croix de l'ordre impérial do Cruzeiro, chevalier de l'ordre do Christo, colonel du corps impérial du génie, ministre et secrétaire d'État de la marine et inspecteur-général de la marine :

Et ayant visé et changé les pleins-pouvoirs, il fut convenu, en conformité des principes exprimés dans ce préambule, de passer le présent traité.

Art. Ier.

S. M. T. F. reconnaît le Brésil pour empire indépendant et séparé des royaumes de Portugal et Algarves, et son fils D. Pedro, le plus aimé et le plus plus prisé de tous, comme empereur, cédant et transférant de sa libre volonté la souveraineté dudit empire à ce même fils et à ses légitimes successeurs.

S. M. T. F. prend seulement et réserve pour sa personne le même titre.

Art. II.

S. M. I., en reconnaissance du respect et de l'amour de son auguste père, le seigneur D. Joaô VI, consent à ce que S. M. T. F. conserve le titre d'empereur.

Art. III.

S. M. I. promet de ne point accepter de propositions d'aucune des colonies portugaises pour se réunir à l'empire du Brésil.

Art. IV.

Il y aura dorénavant paix, alliance et la plus parfaite amitié entre les royaumes de Portugal et Algarves, et l'empire du Brésil, avec un oubli total de la mésintelligence qui a existé entre ces peuples respectifs.

Art. V.

Les sujets des deux nations portugaise et brésilienne seront considérés et traités dans les États respectifs comme ceux d'une nation la plus favorisée et amie, et leurs droits et propriétés conservés et protégés; il est entendu que les possesseurs actuels de biens-fonds seront maintenus dans la libre possession desdits biens.

Art. VI.

Toutes les propriétés en biens-fonds, meubles ou actions, séquestrés ou confisqués, appartenant aux sujets des deux souverains de Portugal et du Brésil, seront immédiatement restitués, ainsi que les revenus arriérés, les dépenses de l'administration déduites, ou leurs propriétaires indemnisés réciproquement de la manière déclarée dans l'article VIII.

Art. VII.

Toutes les embarcations et charges estimées, appartenant aux sujets des deux souverains, seront également restituées, ou leurs propriétaires indemnisés.

Art. VIII.

Une commission nommée par les deux gouvernements, composée de Portugais et Brésiliens, en nombre égal, et établis où les gouvernements respectifs jugeront le plus convenable, sera chargée d'examiner ce qui fait l'objet des articles VI et VII ; il est entendu que les réclamations devront être faites pendant le délai après la formation de ladite commission, et que dans le cas de partages dans les voix, la question sera décidée par le réprésentant du souverain médiateur. Les deux gouvernements indiqueront les fonds destinés à payer les premières réclamations liquidées.

Art. IX.

Toutes les réclamations publiques de gouvernement à gouvernement, seront réciproquement reçues et décidées, ou par la restitution de l'objet réclamé, ou avec une indemnité de sa juste valeur. Pour la décision de ces réclamations, les deux hautes parties contractantes convinrent de faire une convention directe et spéciale.

Art. X.

Seront aussitôt rétablies les relations de commerce entre les deux nations portugaise et brésilienne, payant réciproquement et provisoirement quinze pour cent des droits de consommation. Les droits de déchargement et réexportation restent les mêmes qu'avant la séparation.

Art. XI.

L'échange réciproque des ratifications du présent traité se fera dans la ville de Lisbonne, dans l'espace de cinq mois, ou plus tôt, si cela est possible, à partir du jour de la signature du présent traité.

En foi de quoi, nous soussignés, plénipotentiaires de S. M. T. F. et de S. M. I., en vertu de nos pleins-pouvoirs respectifs, signons le présent traité de nos propres mains, et y faisons apposer le sceau de nos armes.

Fait à la ville de Rio-Janeiro, le 29 août 1825.

(L. S.) Carlos Stuart. (L. S.) Luis Jose de Carvalho e Mello.
(L. S.) Baraô de Santo Amaro.
(L. S.) Francisco Villela Barbosa.

Et m'étant présenté dans la même teneur que ci-dessus, ledit traité, tout ce qui y est contenu étant bien vu, considéré et examiné par moi, je le ratifie et le confirme dans toutes et dans chacune de ses clauses et stipulations, et par la présente je le donne pour ferme et valide, à cette fin qu'il reçoive tout son effet, promettant de l'observer et accomplir inviola=blement, et de le faire accomplir et observer de quelque manière que ce puisse être. En foi de quoi j'ai fait passer la présente charte, signée par moi, revêtue du grand sceau de mes armes, et collationnée par mon conseiller ministre-se= crétaire-d'état, soussigné.

Donné au Palais de Mafra, le 15 du mois de novembre de l'année de la naissance de Jésus-Christ, 1825.

L'Empereur et Roi, Comguarda,

Comte de Porto Santo.

FIN.

TABLE

DES

MATIÈRES CONTENUES DANS CET OUVRAGE.

Avant-propos.................... Page v

CHAPITRE PREMIER.

PREMIÈRE CAUSE.

L'usurpation par Philippe II, en 1580............ 1

CHAPITRE II.

DEUXIÈME CAUSE.

L'insatiable cupidité des Jésuites............... 33

CHAPITRE III.

TROISIÈME CAUSE.

Les Cortès de 1821..................... 59

278 TABLE

CHAPITRE IV.

QUATRIÈME CAUSE.

Les Cortès de 1826. . . . . Page 81

CHAPITRE V.

CINQUIÈME CAUSE.

La *bonne* Protection anglaise. 101

DOCUMENTS AUTHENTIQUES.

DOCUMENT PREMIER.

Discours du Président de la Municipalité de Rio-Janeiro, en mettant sous les yeux du Prince-Régent la Représentation que lui adresse le peuple, dans le but d'obtenir une Assemblée générale du Brésil. 169
Réponse du Prince-Régent. 186
Représentation faite au Prince-Régent par le peuple de Rio-Janeiro, pour obtenir la convocation d'une Assemblée générale du Brésil. . . . . *ib.*

DOCUMENT II.

Décret par lequel il plaît à S. M. I. D. Jean VI de charger, à son défaut, du gouvernement de Portugal sa très chère et bien-aimée fille D. Isabel Maria. 209

DES MATIÈRES.   279

DOCUMENT III.

Premier Décret contre la liberté de la presse, et destitution de l'illustre censeur Almeida. . . . . . , ... Page 212
Deuxième décret pour organiser une commission de censure. . 214

DOCUMENT IV.

Représentation du ministre Guerreiro à la Régente. 216
Décret de l'Infante Régente pour empêcher l'émigration. . . . 220
Décret de D. Alphonse sur le même objet. 223
Édit de D. Maria Ire sur le même objet. . . . . 225.

DOCUMENT V.

Rapport fait à la chambre des Députés de la nation par le ministre des affaires étrangères. . . . . , ... 234
Instruction pour Joachim Severino Gomes, relative à la conduite des rebelles et aux indignes procédés de la cour d'Espagne. . 246
Notes pour le comte de Casa Flores, ambassadeur d'Espagne en Portugal, lui annonçant qu'il est suspendu de ses fonctions. . 249
Plan des déserteurs et rebelles. 251
Ordre du jour du général Magessi. 252
Acte du serment prêté par la division rebelle d'Aleim-Téjo. . . 255
Noms des parjures qui ont signé ledit acte. . . . . . . 257 à 262

DOCUMENT VI.

Lettre-patente, Constitution générale et Édit perpétuel par lequel S. M. I. et R. reconnaît l'indépendance du Brésil, en se réservant le titre d'empereur, et déclare héritier et suc-

cesseur de ces royaumes (les royaumes de Portugal) son
fils, D. Pédro d'Alcantara............ Page 263
Traité de paix et de bonne alliance entre le Portugal et le Brésil,
par lequel traité est ratifiée l'indépendance brésilienne.... 269

FIN DE LA TABLE DES MATIÈRES.

www.ingramcontent.com/pod-product-compliance
Lightning Source LLC
Chambersburg PA
CBHW070754170426
43200CB00007B/774